Álgebra para o Ensino Fundamental

Caderno de Atividades
8º ano
volume 2

Manoel Benedito Rodrigues

São Paulo
2017

Digitação, Diagramação : Sueli Cardoso dos Santos - suly.santos@gmail.com

www.editorapolicarpo.com.br
contato: contato@editorapolicarpo.com.br

Dados Internacionais de Catalogação, na Publicação (CIP)

(Câmara Brasileira do Livro, SP, Brasil)

Rodrigues, Manoel Benedito.
Matématica / Manoel Benedito Rodrigues.
- São Paulo: Editora Policarpo, **1ª. Ed. - 2017**
ISBN: 978-85-87592-81-1
1. Matemática 2. Ensino fundamental
I. Rodrigues, Manoel Benedito II. Título.

Índices para catálogo sistemático:

Todos os direitos reservados à:
EDITORA POLICARPO LTDA
Rua Dr. Rafael de Barros, 175 - Conj. 01
São Paulo - SP - CEP: 04003-041
Tel./Fax: (11) 3288 - 0895
Tel.: (11) 3284 - 8916

Índice

I CÁLCULO ALGÉBRICO..01

    Simplificação de frações...01

    Fatoração..03

    Equações redutíveis a do primeiro grau...05

    Frações algébricas..36

II EQUAÇÕES FRACIONÁRIAS..46

III EQUAÇÕES LITERAIS..58

IV SISTEMAS DO PRIMEIRO GRAU..71

V PROBLEMAS..87

VI EXERCÍCIOS DE FIXAÇÃO...101

I. CÁLCULO ALGÉBRICO (CONTINUAÇÃO)

Simplificação de frações algébricas

Na simplificação de uma fração algébrica usamos a seguinte propriedade:

Se $b \neq 0$ e $c \neq 0$, então: $\boxed{\dfrac{a \cdot c}{b \cdot c} = \dfrac{a}{b}}$

Dividimos o numerador e o denominador pelo fator comum **c**.

"Cortamos" fatores diferentes de **zero**.

Nas frações seguintes considerar que os fatores dos denominadores são diferentes de **zero**.

Fazendo $m + n = s$, olhe a seguinte simplificação:

$$\frac{x(m+n)}{y(m+n)} = \frac{x \cdot s}{y \cdot s} = \frac{x}{y} \qquad \text{Então:} \quad \frac{x(m+n)}{y(m+n)} = \frac{x}{y}$$

Exemplos:

1) $\dfrac{a^4bc}{a^7c} = \dfrac{a^4bc}{a^4 \cdot a^3 c} = \dfrac{b}{a^3}$ Então: $\dfrac{a^4bc}{a^7c} = \dfrac{b}{a^3}$

2) $\dfrac{4x^5y^2}{6x^3y^7} = \dfrac{2 \cdot 2 \cdot x^3 \cdot x^2 \cdot y^2}{2 \cdot 3 \cdot x^3 \cdot y^2 \cdot y^5} = \dfrac{2x^2}{3y^5}$ Então: $\dfrac{4x^5y^2}{6x^3y^7} = \dfrac{2x^2}{3y^5}$

3) $\dfrac{5x^5z}{7x^2y} = \dfrac{5x^3z}{7y}$

4) $\dfrac{5x^2y^5}{10x^3y} = \dfrac{y^4}{2x}$

5) $\dfrac{15x^3y}{25x^3z} = \dfrac{3y}{5z}$

6) $\dfrac{2abc}{5ab^2c} = \dfrac{2}{5b}$

7) $\dfrac{(a+b)x^2}{(a+b)x^3} = \dfrac{1}{x}$

8) $\dfrac{(a+b)x}{(c+d)x} = \dfrac{a+b}{c+d}$

9) $\dfrac{(a+b)(c+d)}{(a+b)(a-b)} = \dfrac{c+d}{a-b}$

10) $\dfrac{x(x-2)}{y(x-2)} = \dfrac{x}{y}$

11) $\dfrac{x(x+y)}{x(x-y)} = \dfrac{x+y}{x-y}$

12) $\dfrac{4(x+y)(x-y)}{6(x-y)^2} = \dfrac{2(x+y)(x-y)}{3(x-y)(x-y)} = \dfrac{2(x+y)}{3(x-y)}$ Então: $\dfrac{4(x+y)(x-y)}{6(x-y)^2} = \dfrac{2(x+y)}{3(x-y)}$

Obs: Não é necessário neste último exemplo efetuar as multiplicações $2(x+y)$ e $3(x-y)$.

01 Simplificar as seguintes frações:

a) $\dfrac{ax}{bx} =$

b) $\dfrac{3a}{2ax} =$

c) $\dfrac{4x}{6y} =$

d) $\dfrac{x^4y}{x^6} =$

e) $\dfrac{3ax}{5ay} =$

f) $\dfrac{x^4y^7}{xy^8} =$

g) $\dfrac{6x^3a}{9x^4} =$

h) $\dfrac{a}{ax} =$

i) $\dfrac{x^3}{x^5} =$

j) $\dfrac{-12ax}{18bx} =$

k) $\dfrac{-30x^5y^2}{45x^6y} =$

l) $\dfrac{9x^2y^3}{18x^3y^4} =$

1

02 Simplificar:
(Há casos em que o resultado não será uma fração algébrica).

a) $\dfrac{3xy^2}{4x^2y} =$

b) $\dfrac{6x^2y^2}{3xy} =$

c) $\dfrac{4x^2}{16x^3} =$

d) $\dfrac{-27x^3a}{-9xa} =$

e) $\dfrac{60x^4y^7}{42x^4y^3} =$

f) $\dfrac{16x^3}{4x^2} =$

g) $\dfrac{x^2}{x^3} =$

h) $\dfrac{x^3}{x^2} =$

i) $\dfrac{ab^2c^3}{ab^3c^2} =$

03 Simplificar as frações:

a) $\dfrac{x(a+b)}{y(a+b)} =$

b) $\dfrac{x(a+b)}{x(a-b)} =$

c) $\dfrac{(a+b)(a-b)}{(a-b)(a-b)} =$

d) $\dfrac{(a+b)^4}{(a+b)^7} =$

e) $\dfrac{(a+b)^2}{(a+b)(a-b)} =$

f) $\dfrac{(x+y)(x-y)}{(x-y)^2} =$

g) $\dfrac{4x(x+y)}{6y(x+y)} =$

h) $\dfrac{4x(x+y)}{6y(x-y)} =$

i) $\dfrac{5x^2y(x+y)}{7xy^2(x+y)} =$

j) $\dfrac{5x^2y(x+y)}{7xy^2(x-y)} =$

k) $\dfrac{x^2y(x+y)}{x(x+y)^2} =$

l) $\dfrac{14x^2(x-y)^2}{21xy(x-y)^3} =$

m) $\dfrac{(a+b)(x+y)}{(x+y)(x-y)} =$

n) $\dfrac{(x+y)(x^2-xy+y^2)}{(x-y)(x^2-xy+y^2)} =$

o) $\dfrac{(x+y)^3}{(x+y)^2(x-y)} =$

p) $\dfrac{16x^2y(x-y)}{48xy(x-y)(x^2+xy+y^2)} =$

04 Simplificar as seguintes frações:

a) $\dfrac{18x^4y^3(x+y)^3}{27x^3y^4(x-y)^2}$

b) $\dfrac{63a^2b^3(x-y)^5(x+y)^4}{84a^2b(x+y)^3(x-y)^6}$

c) $\dfrac{2x^2(2x-1)^2(x-2)^4}{10x(2x-1)^3(x-2)^3}$

d) $\dfrac{17x^2(x+2)(x-2)}{51x^2(x+2)(x-1)}$

e) $\dfrac{51xy(x+3)^2}{68xy(x+3)(x^2-3x+9)}$

f) $\dfrac{52ax(x+1)(x^2-x+1)}{65ay(x-1)(x^2-x+1)}$

Fatoração de polinômios

1º caso: **Fator comum em evidência**

(Põe-se o máximo divisor comum em evidência).

Neste caso usamos a propriedade distributiva e a propriedade simétrica da igualdade.

$$a(x + y) = ax + ay \Leftrightarrow ax + ay = a(x + y)$$

Máximo divisor comum (mdc) de monômios.

Exemplos:

1) mdc $(6x^2y^3, 8x^3yz) = 2x^2y$

2) mdc $(16a^4b^3c^2, 24a^3b^4c^3, 40a^5b^2) = 8a^3b^2$

Fator comum em evidência.

Exemplos:

1) $ab + ac = a(b + c)$

2) $mx + nx = x(m + n)$

3) $2x + 2y = 2(x + y)$

4) $8xy + 4x = 4x(2y + 1)$

5) $16x^4 + 20x^3y = 4x^3(4x + 5y)$

6) $9x^2y - 21xyz = 3xy(3x - 7z)$

7) $18ax^3y^3a - 12bx^3y^4 - 30x^2y^3z = 6x^2y^3(3ax - 2by - 5z)$

Para obter o polinômio entre parênteses dividi-se cada termo do polinômio dado pelo fator colocado em evidência).

---

05 Efetuar as seguintes divisões:

a) $(8x^2y^3 - 12x^3y^2 - 28x^2yz) : (4x^2y) =$

b) $(35ax^4 + 63bx^3 - 49cx^2) : (7x^2) =$

c) $(-48x^3y^2a + 60x^2y^3b - 12x^2y^2) : (-12x^2y^2) =$

06 Em cada caso o fator comum já está em evidência. Completar a fatoração:

a) $4ax + 5ay = a($

b) $6x^2 + 4xy = 2x($

c) $18x^3 - 12x^2y = 6x^2($

d) $35a^3b - 63a^2b^2 = 7a^2b($

e) $24x^2y^2 + 16xy^3 = 8xy^2($

f) $42x^3 - 70x^2y - 56x^2 = 14x^2($

07 Fatorar as seguintes expressões:

a) $ax + ay =$

b) $ax + bx =$

c) $mx + my =$

d) $mx + nx =$

e) $7ax - 7bx =$

f) $4x^4 - 6x^3 =$

g) $14a - 21b =$

h) $17x^2 - 34x =$

i) $a^2 + ab =$

j) $ab - a =$

Resp: **01** a) $\frac{a}{b}$ b) $\frac{3}{2x}$ c) $\frac{2x}{3y}$ d) $\frac{y}{x^2}$ e) $\frac{3x}{5y}$ f) $\frac{x^3}{y}$ g) $\frac{2a}{3x}$ h) $\frac{1}{x}$ i) $\frac{1}{x^2}$ j) $-\frac{2a}{3b}$ k) $-\frac{2y}{3x}$ l) $\frac{1}{2xy}$

08 Fatorar:

a) $6x^2y - 9xy^2 =$

b) $36x^3y - 24x^2y^3 =$

c) $45a^2x - 63abx^2 =$

d) $52x^3y^3 - 65x^2y^4 =$

e) $24a^2x^3y - 40abx^2y^2 - 56ax^3y^2 =$

f) $18x^3y - 24x^2y^2 - 30x^2y =$

g) $2a(x-y) - 3b(x-y) =$

h) $3x^2(a+b) - 2y(a+b) - 3(a+b) =$

Para simplificar frações algébricas dividimos o numerador e o denominador por fatores comuns. Então quando o numerador e o denominador não estão fatorados, devemos primeiramente fatorá-los.

Exemplos:

1) $\dfrac{ax+ay}{x^2+xy} = \dfrac{a(x+y)}{x(x+y)} = \dfrac{a}{x}$

2) $\dfrac{x^2-xy}{x^2+xy} = \dfrac{x(x-y)}{x(x+y)} = \dfrac{x-y}{x+y}$

---

09 Simplificar as seguintes frações:

a) $\dfrac{ax+a^2}{bx+ab} =$

b) $\dfrac{ax+ay}{ax-ay} =$

c) $\dfrac{x^2+xy}{x^2-xy} =$

d) $\dfrac{x^2-x}{xy-y} =$

e) $\dfrac{2x^2-4x}{xy-2y} =$

f) $\dfrac{3a^2-a}{6ax-2x} =$

g) $\dfrac{4x^3-4x^2y}{6x^4-6x^3y} =$

h) $\dfrac{30x^4-45x^3y}{20x^2y-30xy^2} =$

i) $\dfrac{24x^3-12x^2y}{48x^3-16x^2y} =$

j) $\dfrac{36x^2-24xy}{54xy-36y^2} =$

k) $\dfrac{34x^2+51x}{102x^2-153x} =$

l) $\dfrac{39x^3-26x^2}{45x^2y-30xy} =$

m) $\dfrac{(x+y)a+(x+y)b}{(x-y)a+(x-y)b} =$

n) $\dfrac{3x(a+b)(a-b)-3x(a+b)^2}{2abx(2b-3)+2b^2x(2b-3)} =$

Equações redutíveis a do primeiro grau

Algumas equações com uma variável, que **não** são do primeiro grau, podem ser resolvidas usando os casos de fatoração que estamos estudando.

Propriedades:

I - Para **n** inteiro positivo, temos: $a^n = 0 \Leftrightarrow a = 0$

II - Para os números racionais **a** e **b**, temos: $a \cdot b = 0 \Leftrightarrow a = 0$ ou $b = 0$

De acordo com essas duas propriedades, usando primeiramente fatoração, podemos resolver algumas equações:

Exemplos:

1) $x^2 - 6x = 0$
   $x(x - 6) = 0$
   $x = 0$ ou $x - 6 = 0$
   $x = 0$ ou $x = 6$
   $S = \{0, 6\}$

2) $7x^4 - 21x^3 = 0$
   $7x^3(x - 3) = 0$
   $x^3 = 0$ ou $x - 3 = 0$
   $x = 0$ ou $x = 3$
   $S = \{0, 3\}$

3) $16x^5 - 24x^4 = 0$
   $8x^4(2x - 3) = 0$
   $x^4 = 0$ ou $2x - 3 = 0$
   $x = 0$ ou $x = \dfrac{3}{2}$
   $S = \left\{0, \dfrac{3}{2}\right\}$

10 Resolver as seguintes equações. (Usar fatoração).

a) $x^2 - 8x = 0$

b) $4x^2 - 36x = 0$

c) $9x^2 + 54x = 0$

d) $x^5 - 7x^4 = 0$

e) $7x^4 + 56x^3 = 0$

f) $17x^6 - 51x^5 = 0$

g) $6x^3 + 9x^2 = 0$

h) $7x^4 - 5x^3 = 0$

i) $13x^2 + 91x = 0$

Resp: **02** a) $\dfrac{3y}{4x}$ b) $2xy$ c) $\dfrac{1}{4x}$ d) $3x^2$ e) $\dfrac{10}{7}y^4$ f) $4x$ g) $\dfrac{1}{x}$ h) x i) $\dfrac{c}{b}$ **03** a) $\dfrac{x}{y}$

b) $\dfrac{a+b}{a-b}$ c) $\dfrac{a+b}{a-b}$ d) $\dfrac{1}{(a+b)^3}$ e) $\dfrac{a+b}{a-b}$ f) $\dfrac{x+y}{x-y}$ g) $\dfrac{2x}{3y}$ h) $\dfrac{2x(x+y)}{3y(x-y)}$ i) $\dfrac{5x}{7y}$ j) $\dfrac{5x(x+y)}{7y(x-y)}$

k) $\dfrac{xy}{x+y}$ l) $\dfrac{2x}{3y(x-y)}$ m) $\dfrac{a+b}{x-y}$ n) $\dfrac{x+y}{x-y}$ o) $\dfrac{x+y}{x-y}$ p) $\dfrac{x}{3(x^2+xy+y^2)}$

04 a) $\dfrac{2x(x+y)^3}{3y(x-y)^2}$ b) $\dfrac{3b^2(x+y)}{4(x-y)}$ c) $\dfrac{x(x-2)}{5(2x-1)}$ d) $\dfrac{x-2}{3(x-1)}$ e) $\dfrac{3(x+3)}{4(x^2-3x+9)}$ f) $\dfrac{4x(x+1)}{5y(x-1)}$

05 a) $2y^2 - 3xy - 7z$ b) $5ax^2 + 9bx - 7c$ c) $4xa - 5yb + 1$ **06** a) $a(4x + 5y)$ b) $2x(3x + 2y)$ c) $6x^2(3x - 2y)$

d) $7a^2b(5a - 9b)$ e) $8xy^2(3x + 2y)$ f) $14x^2(3x - 5y - 4)$ **07** a) $a(x + y)$ b) $x(a + b)$ c) $m(x + y)$

d) $x(m + n)$ e) $7x(a - b)$ f) $2x^3(2x - 3)$ g) $7(2a - 3b)$ h) $17x(x - 2)$ i) $a(a + b)$ j) $a(b - 1)$

11 Resolver as seguintes equações:

a) $3x(2x-1) - 4(2x-1) = 0$

b) $5x(6x-12) + 3(6x-12) = 0$

c) $3x(2-x) - 4(2-x) = 0$

d) $7(2x-5) - 3x(2x-5) = 0$

12 Considerando que nos radicais com índice par as variáveis dos monômios que são os radicandos são positivas ou nulas, observar, quando for possível, como eliminamos os radicais.

1) $(2x^3y^2)^4 = 16x^{12}y^8 \Rightarrow \sqrt[4]{16x^{12}y^8} = 2x^3y^2$

2) $(3x^5y^2)^3 = 27x^{15}y^6 \Rightarrow \sqrt[3]{27x^{15}y^6} = 3x^5y^2$

Simplificar as seguintes expressões:

a) $\sqrt{25x^{10}y^2} =$

b) $\sqrt[3]{8x^6y^9} =$

c) $\sqrt[5]{32x^{10}y^5} =$

d) $\sqrt{\dfrac{9}{25}x^2y^4} =$

e) $\sqrt[4]{81x^4y^8} =$

f) $\sqrt{81x^4y^8} =$

g) $\sqrt[3]{64x^6y^{12}} =$

h) $\sqrt{64x^6y^{12}} =$

i) $\sqrt{121x^2y^2} =$

j) $\sqrt[3]{125x^3y^3} =$

13 Considerando que as variáveis dos monômios não são negativas, determinar a raiz quadrada dos monômios, nos casos:

a) $25x^2 \Rightarrow$

b) $36x^2y^2 \Rightarrow$

c) $100x^{10} \Rightarrow$

d) $36x^{36} \Rightarrow$

b) $16x^{16}y^6 \Rightarrow$

c) $324x^{18} \Rightarrow$

14 Determinar a raiz cúbica do monômio, nos casos:

a) $27x^6 \Rightarrow$

b) $8x^3y^6 \Rightarrow$

c) $27x^{27} \Rightarrow$

d) $125x^{15} \Rightarrow$

e) $64x^3y^{24} \Rightarrow$

f) $343x^{21} \Rightarrow$

15 Em cada caso é dado um número natural. Determinar os pares de fatores naturais (sem comutar) cujo produto seja o número dado e em seguida determinar a soma e a diferença positiva entre esses fatores. Olhar o item a.

a) 15
$15 = 1 \cdot 15, \ 15 + 1 = 16, \ 15 - 1 = 14$
$15 = 3 \cdot 5, \ 5 + 3 = 8, \ 5 - 3 = 2$

b) 21

c) 12

d) 20

16 Determinar dois números naturais dado o produto P e a soma S ou a diferença D, nos casos:

a) $P = 24, S = 11 \Rightarrow$

b) $P = 30, D = 13 \Rightarrow$

c) $P = 42, S = 13 \Rightarrow$

d) $P = 12, D = 4 \Rightarrow$

e) $P = 30, S = 11 \Rightarrow$

f) $P = 30, D = 1 \Rightarrow$

g) $P = 56, D = 1 \Rightarrow$

h) $P = 48, D = 2 \Rightarrow$

i) $P = 36, S = 15 \Rightarrow$

j) $P = 44, S = 15 \Rightarrow$

k) $P = 55, D = 6 \Rightarrow$

l) $P = 56, S = 15 \Rightarrow$

m) $P = 18, D = 3 \Rightarrow$

n) $P = 45, D = 4 \Rightarrow$

o) $P = 63, S = 16 \Rightarrow$

p) $P = 27, S = 12 \Rightarrow$

q) $P = 63, D = 2 \Rightarrow$

r) $P = 40, S = 6 \Rightarrow$

Resp: **08** a) $3xy(2x - 3y)$ b) $12x^2y(3x - 2y^2)$ c) $9ax(5a - 7bx)$ d) $13x^2y^3(4x - 5y)$ e) $8ax^2y(3ax - 5by - 7xy)$ f) $6x^2y(3x - 4y - 5)$ g) $(x - y)(2a - 3b)$ h) $(a + b)(3x^2 - 2y - 3)$ **09** a) $\frac{a}{b}$ b) $\frac{x+y}{x-y}$ c) $\frac{x+y}{x-y}$ d) $\frac{x}{y}$ e) $\frac{2x}{y}$ f) $\frac{a}{2x}$ g) $\frac{2}{3x}$ h) $\frac{3x^2}{2y}$ i) $\frac{3(2x-y)}{4(3x-y)}$ j) $\frac{2x}{3y}$ k) $\frac{2x+3}{3(2x-3)}$ l) $\frac{13x}{15y}$ m) $\frac{x+y}{x-y}$ n) $\frac{3}{3-2b}$ **10** a) $\{0, 8\}$ b) $\{0, 9\}$ c) $\{0, -6\}$ d) $\{0, 7\}$ e) $\{0, -8\}$ f) $\{0, 3\}$ g) $\{0, -\frac{3}{2}\}$ h) $\{0, \frac{5}{7}\}$ i) $\{0, -7\}$

Fatoração
2º caso: **Diferença de quadrados**

Neste caso usamos o caso de produtos notáveis "produto da soma pela diferença" e a propriedade simétrica da igualdade.

$$(a + b)(a - b) = a^2 - b^2 \Leftrightarrow a^2 - b^2 = (a + b)(a - b)$$

Exemplos:

1º) $x^2 - y^2 = (x + y)(x - y)$

2º) $-25 + x^2 = x^2 - 25 = (x + 5)(x - 5)$

3º) $4x^2 - 9 = (2x + 3)(2x - 3)$

4º) $25a^2 - \dfrac{1}{4} = \left(5a + \dfrac{1}{2}\right)\left(5a - \dfrac{1}{2}\right)$

17 Fatorar as seguintes diferenças de quadrados:

a) $a^2 - c^2 =$

b) $x^2 - a^2 =$

c) $x^2 - 9 =$

d) $-4 + a^2 =$

e) $49x^2 - 4y^2 =$

f) $64x^2 - 1 =$

g) $1 - 25a^2 =$

h) $36a^2 - 121 =$

18 Fatorar:

a) $x^4 - y^4$

b) $x^4 - 1$

c) $x^4 - 625$

d) $16x^4 - 81$

19 Fatorar. (Há exercícios de "fator comum" e de "diferença de quadrados").

a) $16x^2 - 25 =$

b) $16x^2 - 20x =$

c) $36x^2 - 9xy =$

d) $36x^2 - 25 =$

e) $36x^2 + 25x^2y^2 =$

f) $49x^2 - 36 =$

g) $169x^2 - 81 =$

h) $100a^2 + 25 =$

i) $196a^2 - 169 =$

j) $225x^2 - 289 =$

k) $36x^2 + 144xy =$

l) $324x^2 - 289y^2 =$

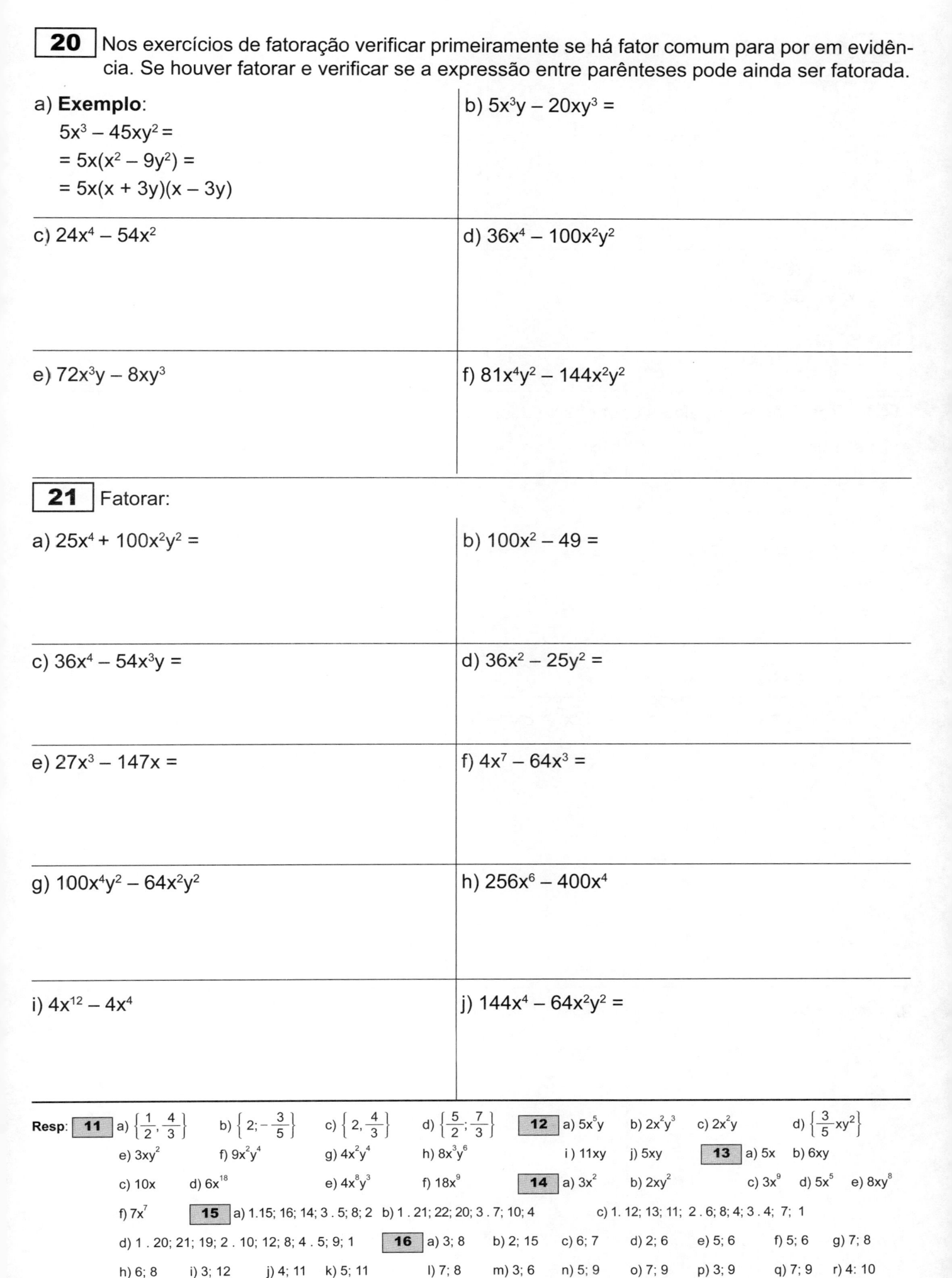

20 Nos exercícios de fatoração verificar primeiramente se há fator comum para por em evidência. Se houver fatorar e verificar se a expressão entre parênteses pode ainda ser fatorada.

a) **Exemplo**:
$5x^3 - 45xy^2 =$
$= 5x(x^2 - 9y^2) =$
$= 5x(x + 3y)(x - 3y)$

b) $5x^3y - 20xy^3 =$

c) $24x^4 - 54x^2$

d) $36x^4 - 100x^2y^2$

e) $72x^3y - 8xy^3$

f) $81x^4y^2 - 144x^2y^2$

21 Fatorar:

a) $25x^4 + 100x^2y^2 =$

b) $100x^2 - 49 =$

c) $36x^4 - 54x^3y =$

d) $36x^2 - 25y^2 =$

e) $27x^3 - 147x =$

f) $4x^7 - 64x^3 =$

g) $100x^4y^2 - 64x^2y^2$

h) $256x^6 - 400x^4$

i) $4x^{12} - 4x^4$

j) $144x^4 - 64x^2y^2 =$

Resp: **11** a) $\left\{\frac{1}{2}, \frac{4}{3}\right\}$ b) $\left\{2; -\frac{3}{5}\right\}$ c) $\left\{2, \frac{4}{3}\right\}$ d) $\left\{\frac{5}{2}; \frac{7}{3}\right\}$ **12** a) $5x^5y$ b) $2x^2y^3$ c) $2x^2y$ d) $\left\{\frac{3}{5}xy^2\right\}$
e) $3xy^2$ f) $9x^2y^4$ g) $4x^2y^4$ h) $8x^3y^6$ i) $11xy$ j) $5xy$ **13** a) $5x$ b) $6xy$
c) $10x$ d) $6x^{18}$ e) $4x^8y^3$ f) $18x^9$ **14** a) $3x^2$ b) $2xy^2$ c) $3x^9$ d) $5x^5$ e) $8xy^8$
f) $7x^7$ **15** a) 1.15; 16; 14; 3 . 5; 8; 2   b) 1 . 21; 22; 20; 3 . 7; 10; 4   c) 1. 12; 13; 11; 2 . 6; 8; 4; 3 . 4; 7; 1
d) 1 . 20; 21; 19; 2 . 10; 12; 8; 4 . 5; 9; 1   **16** a) 3; 8   b) 2; 15   c) 6; 7   d) 2; 6   e) 5; 6   f) 5; 6   g) 7; 8
h) 6; 8   i) 3; 12   j) 4; 11   k) 5; 11   l) 7; 8   m) 3; 6   n) 5; 9   o) 7; 9   p) 3; 9   q) 7; 9   r) 4: 10

22 Simplificar as seguintes frações:

a) $\dfrac{x^2 + xy}{x^2 - y^2}$

b) $\dfrac{x^2 - y^2}{xy - y^2}$

c) $\dfrac{2x^2 - 4x}{x^2 - 4}$

d) $\dfrac{4x^2y + 6xy}{16x^3 - 36x}$

e) $\dfrac{14x^4 - 126x^2}{21x^2y - 63xy}$

f) $\dfrac{52xy^2 - 52xy}{91y^4 - 91y^2}$

23 Resolver as seguintes equações. (Usar fatoração).

a) **Exemplo**:

$x^2 - 9 = 0$

$(x + 3)(x - 3) = 0$

$x + 3 = 0$ ou $x - 3 = 0$

$x = -3$ ou $x = 3$

$S = \{-3, 3\}$

b) $x^2 - 25 = 0$

c) $16x^2 - 49 = 0$

d) $7x^4 - 252x^2 = 0$

e) $32x^5 - 8x^3 = 0$

f) $52x^4 - 117x^2 = 0$

g) $20x^4 - 405x^2 = 0$

h) $12x - 75x^3 = 0$

i) $144x^6 - 64x^4 = 0$

Fatoração

3º caso: **Trinômio quadrado perfeito**

Neste caso usamos os casos de produtos notáveis "quadrado da soma" e "quadrado da diferença" e a propriedade simétrica da igualdade.

$$(a + b)^2 = a^2 + 2ab + b^2 \Leftrightarrow a^2 + 2ab + b^2 = (a + b)^2$$
$$(a - b)^2 = a^2 - 2ab + b^2 \Leftrightarrow a^2 - 2ab + b^2 = (a - b)^2$$

Exemplos:
1) $x^2 + 2xy + y^2 = (x + y)^2$
2) $x^2 - 2xy + y^2 = (x - y)^2$
3) $4x^2 - 4xy + y^2 = (2x - y)^2$
4) $a^2 + 10ab + 25b^2 = (a + 5b)^2$

24 Fatorar os seguintes trinômios:

a) $m^2 + 2mn + n^2 =$

b) $a^2 - 2ax + x^2 =$

c) $x^2 + 2x + 1 =$

d) $x^2 - 2x + 1 =$

e) $x^2 - 2 \cdot x \cdot 5 + 25 =$

f) $x^2 + 2 \cdot x \cdot 7 + 49 =$

g) $a^2 + 6a + 9 =$

h) $a^2 - 12a + 36 =$

i) $9x^2 - 6x + 1 =$

j) $4x^2 + 2 \cdot 2x \cdot 3 + 9 =$

k) $9x^2 + 12xy + 4y^2 =$

l) $4x^2 - 20xy + 25y^2 =$

m) $49x^2 - 42xy + 9y^2 =$

n) $4x^2 + 36xy + 81y^2 =$

25 Fatorar:

a) $9x^2 - 4a^2 =$

b) $9x^2 - 18x =$

c) $9x^2 - 12ax + 4a^2 =$

d) $9x^2 + 6xy + y^2 =$

e) $25x^2 + 75xy =$

f) $25x^2 - 49a^2 =$

g) $25x^2 + 70x + 49 =$

h) $121 - 22ax + a^2x^2 =$

i) $144x^2 - 169 =$

j) $144x^2 - 120x + 25 =$

k) $36xy - 144y^2 =$

l) $x^2 + x + \dfrac{1}{4} =$

Resp: 17 a) $(a + c)(a - c)$ b) $(x + a)(x - a)$ c) $(x + 3)(x - 3)$ d) $(a + 2)(a - 2)$ e) $(7x + 2y)(7x - 2y)$ f) $(8x + 1)(8x - 1)$ g) $(1 + 5a)(1 - 5a)$ h) $(6a + 11)(6a - 11)$ **18** a) $(x^2 + y^2)(x + y)(x - y)$ b) $(x^2 + 1)(x + 1)(x - 1)$ c) $(x^2 + 25)(x + 5)(x - 5)$ d) $(4x^2 + 9)(2x + 3)(2x - 3)$ **19** a) $(4x + 5)(4x - 5)$ b) $4x(4x - 5)$ c) $9x(4x - y)$ d) $(6x + 5)(6x - 5)$ e) $x^2(36 + 25y^2)$ f) $(7x + 6)(7x - 6)$ g) $(13x + 9)(13x - 9)$ h) $25(4a^2 + 1)$ i) $(14a + 13)(14a - 13)$ j) $(15x + 17)(15x - 17)$ k) $36x(x + 4y)$ l) $(18x + 17y)(18x - 17y)$ **20** a) $5x(x + 3y)(x - 3y)$ b) $5xy(x + 2y)(x - 2y)$ c) $6x^2(2x + 3)(2x - 3)$ d) $4x^2(3x + 5y)(3x - 5y)$ e) $8xy(3x + y)(3x - y)$ f) $9x^2y^2(3x + 4)(3x - 4)$ **21** a) $25x^2(x^2 + 4y^2)$ b) $(10x + 7)(10x - 7)$ c) $18x^3(2x - 3y)$ d) $(6x + 5y)(6x - 5y)$ e) $3x(3x + 7)(3x - 7)$ f) $4x^3(x^2 + 4)(x + 2)(x - 2)$ g) $4x^2y^2(5x + 4)(5x - 4)$ h) $16x^4(4x + 5)(4x - 5)$ i) $4x^4(x^4 + 1)(x^2 + 1)(x + 1)(x - 1)$ j) $16x^2(3x + 2y)(3x - 2y)$

11

26 Fatorar as expressões.

a) $a^2 - a + \dfrac{1}{4} =$

b) $x^2 - 3x + \dfrac{9}{4} =$

c) $a^2 + 2 + \dfrac{1}{a^2} =$

d) $a^2 - 2 + \dfrac{1}{a^2} =$

e) $x^2 + y^2 + 2xy =$

f) $x^2 + 4y^2 - 4xy =$

g) $9x^2 + 16y^2 + 24xy =$

h) $25x^2 + 16 - 40x =$

i) $42x + 9 + 49x^2 =$

j) $-70xy + 25x^2 + 49y^2 =$

k) $x^2 + \dfrac{1}{4} + x =$

l) $x^2 + \dfrac{25}{4} + 5x =$

27 Fatorar as expressões.

a) $x^3 + 2x^2y + xy^2 =$

b) $x^3y - 2x^2y^2 + xy^3 =$

c) $x^3 + 8x^2y + 16xy^2 =$

d) $36x^4y - 48x^3y^2 + 16x^2y^3 =$

e) $16x^4 - 72x^2 + 81 =$

f) $625x^4 + 256 - 800x^2 =$

28 Fatorar as expressões.

a) $2x^2 + 2xy + 6x =$

b) $49x^2 - 81y^4 =$

c) $6x^3 + 3x^2 + 3xy^2 =$

d) $49x^2 - 28xy + 4y^2 =$

e) $121x^2 - 289 =$

f) $15x^4y + 6x^2y^2 =$

g) $16x^2 + 25y^2 - 40xy =$

h) $12x^4 + 6x^3 + 9x^2 =$

i) $225x^2 - 16y^2 =$

j) $25x^2 + 81y^2 - 90xy =$

k) $36x^3y^2 - 64x^2y^3 =$

l) $15x^3 - 9x^2y - 12x^2 =$

m) $16x^4 + 12x^3 + 4x^2 =$

n) $16x^4 + 24x^2 + 9 =$

29 Simplificar as seguintes frações:

a) $\dfrac{x^2 + xy}{x^2 + 2xy + y^2}$

b) $\dfrac{x^2 - 2xy + y^2}{x^2 - y^2}$

c) $\dfrac{4x^2 - 12xy + 9y^2}{8x^2y - 12xy^2}$

d) $\dfrac{9x^2 - 49y^2}{9x^2 - 42xy + 49y^2}$

e) $\dfrac{8x^2 - 12x}{12x^3 + 18x^2}$

f) $\dfrac{25x^2 + 80xy + 64y^2}{25x^2 - 64y^2}$

g) $\dfrac{4x^5y - 16x^3y^3}{6x^4y^2 - 24x^3y^3 + 24x^2y^4}$

h) $\dfrac{24x^4y^3 + 72x^3y^3 + 54x^2y^3}{48x^4y^3 - 108x^2y^3}$

30 Resolver as seguintes equações:

a) $x^2 - 10x + 25 = 0$

b) $9x^4 + 30x^3 + 25x^2 = 0$

c) $16x^4 - 72x^2 + 81 = 0$

Resp: **22** a) $\dfrac{x}{x-y}$ b) $\dfrac{x+y}{y}$ c) $\dfrac{2x}{x+2}$ d) $\dfrac{y}{2(2x-3)}$ e) $\dfrac{2x(x+3)}{3y}$ f) $\dfrac{4x}{7y(y+1)}$

23 a) $\{-3, 3\}$ b) $\{-5, 5\}$ c) $\left\{-\dfrac{7}{4}, \dfrac{7}{4}\right\}$ d) $\{-6, 0, 6\}$ e) $\left\{-\dfrac{1}{2}, 0, \dfrac{1}{2}\right\}$ f) $\left\{-\dfrac{3}{2}, 0, \dfrac{3}{2}\right\}$

g) $\left\{-\dfrac{9}{2}, 0, \dfrac{9}{2}\right\}$ h) $\left\{-\dfrac{2}{5}, 0, \dfrac{2}{5}\right\}$ i) $\left\{-\dfrac{2}{3}, 0, \dfrac{2}{3}\right\}$ **24** a) $(m+n)^2$ b) $(a-x)^2$ c) $(x+1)^2$ d) $(x-1)^2$

e) $(x-5)^2$ f) $(x+7)^2$ g) $(a+3)^2$ h) $(a-6)^2$ i) $(3x-1)^2$ j) $(2x+3)^2$ k) $(3x+2y)^2$

l) $(2x-5y)^2$ m) $(7x-3y)^2$ n) $(2x+9y)^2$ **25** a) $(3x+2a)(3x-2a)$ b) $9x(x-2)$ c) $(3x-2a)^2$

d) $(3x+y)^2$ e) $25x(x+3y)$ f) $(5x+7a)(5x-7a)$ g) $(5x+7)^2$ h) $(11-ax)^2 = (ax-11)^2$ i) $(12x+13)(12x-13)$

j) $(12x-5)^2$ k) $36y(x-4y)$ l) $\left(x+\dfrac{1}{2}\right)^2$

13

Fatoração

4º caso: **Trinômio do tipo $x^2 + Sx + P$**

Neste caso usamos o produto de dois binômios e a propriedade simétrica da igualdade.

$$(x + a)(x + b) = x^2 + (a + b)x + ab \iff x^2 + (a + b)x + ab = (x + a)(x + b)$$

Exemplos:

1) $x^2 + 7x + 10 = (x + 2)(x + 5)$
$\begin{cases} S = 7 = 2 + 5 \\ P = 10 = 2 \cdot 5 \end{cases}$

2) $x^2 - 8x + 15 = (x - 3)(x - 5)$
$\begin{cases} S = -8 = -3 - 5 \\ P = 15 = (-3)(-5) \end{cases}$

3) $x^2 - 5x - 14 = (x - 7)(x + 2)$
$\begin{cases} S = -5 = 2 - 7 \\ P = -14 = 2(-7) \end{cases}$

4) $x^2 + 5x - 14 = (x + 7)(x - 2)$
$\begin{cases} S = 5 = -2 + 7 \\ P = -14 = (-2)(7) \end{cases}$

31 Fatorar os seguintes trinômios:

a) $x^2 + 7x + 12 =$

b) $x^2 - 8x + 12 =$

c) $x^2 + 9x + 20 =$

d) $x^2 - 9x + 18 =$

e) $x^2 + 9x + 14 =$

f) $x^2 - 9x + 14 =$

g) $x^2 - 10x + 16 =$

h) $x^2 + 10x + 16 =$

i) $x^2 - 10x + 21 =$

j) $x^2 + 10x + 24 =$

k) $x^2 + 10x + 25 =$

l) $x^2 - 10x + 9 =$

m) $x^2 + 9x + 8 =$

n) $x^2 - 7x + 6 =$

32 Fatorar os seguintes trinômios:

a) $x^2 - 2x - 15 =$

b) $x^2 + 2x - 15 =$

c) $x^2 - 5x - 24 =$

d) $x^2 + 5x - 24 =$

e) $x^2 + 3x - 10 =$

f) $x^2 - 3x - 10 =$

g) $x^2 - 4x - 12 =$

h) $x^2 + 4x - 12 =$

i) $a^2 + 4a - 21 =$

j) $a^2 - 4a - 32 =$

k) $y^2 - 3y - 28 =$

l) $y^2 + 3y - 40 =$

m) $n^2 + 2n - 35 =$

n) $n^2 - 2n - 48 =$

33 Fatorar as expressões:

a) $x^2 + 17x + 52 =$

b) $x^2 + 7x - 18 =$

c) $x^2 - 9x + 20 =$

d) $x^2 - 9x - 22 =$

e) $x^2 + 11x - 26 =$

f) $x^2 + 11x + 18 =$

g) $x^2 - 11x - 26 =$

h) $x^2 - 11x + 28 =$

i) $x^2 - 5x - 36 =$

j) $x^2 - 12x + 20 =$

k) $a^2 + 6a - 40 =$

l) $y^2 - 6y - 55 =$

m) $y^2 - 13y + 36 =$

n) $a^2 - 13a - 30 =$

34 Fatorar:

a) $x^2 + x - 12 =$

b) $x^2 - x - 20 =$

c) $a^2 + a - 20 =$

d) $y^2 + y - 30 =$

e) $n^2 + n - 6 =$

f) $x^2 - x - 42 =$

g) $y^2 - y - 56 =$

h) $a^2 - a - 72 =$

i) $x^2 + x - 90 =$

j) $x^2 + x - 2 =$

35 Fatorar as expressões:

a) $x^2 - 7x + 6 =$

b) $x^2 - 7x - 8 =$

c) $a^2 + 4a - 5 =$

d) $a^2 + 4a + 3 =$

e) $n^2 - 10n - 11 =$

f) $y^2 - 10y + 9 =$

g) $a^2 + 5a - 6 =$

h) $n^2 - 8n - 9 =$

i) $x^2 + 6x + 5 =$

j) $x^2 + 12x - 13 =$

k) $x^2 - 2x - 3 =$

l) $x^2 - 3x + 2 =$

Resp: **26** a) $\left(a - \frac{1}{2}\right)^2$ b) $\left(x - \frac{3}{2}\right)^2$ c) $\left(a + \frac{1}{a}\right)^2$ d) $\left(a - \frac{1}{a}\right)^2$ e) $(x + y)^2$ f) $(x - 2y)^2$ g) $(3x + 4y)^2$ h) $(5x - 4)^2$ i) $(7x + 3)^2$ j) $(5x - 7y)^2$ k) $\left(x + \frac{1}{2}\right)^2$ l) $\left(x + \frac{5}{2}\right)^2$

27 a) $x(x + y)^2$ b) $xy(x - y)^2$ c) $x(x + 4y)^2$ d) $4x^2y(3x - 2y)^2$ e) $(2x + 3)^2(2x - 3)^2$ f) $(5x + 4)^2(5x - 4)^2$

28 a) $2x(x + y + 3)$ b) $(7x + 9y^2)(7x - 9y^2)$ c) $3x(2x^2 + x + y^2)$ d) $(7x - 2y)^2$ e) $(11x + 17)(11x - 17)$ f) $3x^2y(5x^2 + 2y)$ g) $(4x - 5y)^2$ h) $3x^2(4x^2 + 2x + 3)$ i) $(15x + 4y)(15x - 4y)$ j) $(5x - 9y)^2$ k) $4x^2y^2(9x - 16y)$ l) $3x^2(5x - 3y - 4)$ m) $4x^2(4x^2 + 3x + 1)$ n) $(4x^2 + 3)^2$

29 a) $\dfrac{x}{x + y}$ b) $\dfrac{x - y}{x + y}$ c) $\dfrac{2x - 3y}{4xy}$ d) $\dfrac{3x + 7y}{3x - 7y}$ e) $\dfrac{2(2x - 3)}{3x(3x + 3)}$ f) $\dfrac{5x + 8y}{5x - 8y}$ g) $\dfrac{2x(x + 2y)}{3y(x - 2y)}$ h) $\dfrac{2x + 3}{2(2x - 3)}$

30 a) $\{5\}$ b) $\left\{-\dfrac{5}{3}, 0\right\}$ c) $\left\{-\dfrac{3}{2}, \dfrac{3}{2}\right\}$

15

36 Fatorar as expressões:

a) $x^2 + 7x + 10 =$

b) $x^2 + 7ax + 10a^2 =$

c) $x^2 + 2ax - 35a^2 =$

d) $x^2 + 3ax - 10a^2 =$

e) $x^2 - 3nx - 70n^2 =$

f) $x^2 - 4nx - 60n^2 =$

g) $x^2 - 5xy - 24y^2 =$

h) $x^2 + 6xy - 27y^2 =$

i) $x^2 - 14xy + 48y^2 =$

j) $x^2 - 7xy - 60y^2 =$

k) $27x^2 - 12xy + y^2 =$

l) $42x^2 + 13xy + y^2 =$

m) $a^2 - an - 6n^2 =$

n) $y^2 + ny - 12n^2 =$

37 Fatorar as expressões:

a) $16x^2 - 8xy + 12x =$

b) $x^2 - 25y^2 =$

c) $x^2 - 8x - 20 =$

d) $x^2 - 8xy + 16y^2 =$

e) $x^2 - 3x + 2 =$

f) $x^2 + 26x + 25 =$

g) $4x^2 - 28x + 49 =$

h) $324x^2 - 289 =$

i) $441x^2 - 84x + 4 =$

j) $x^2 - 17x + 16 =$

k) $a^2 - ax - 30x^2 =$

l) $n^2 + ny - 42y^2 =$

38 Fatorar as expressões seguintes:

a) $2x^3 - 8x^2 - 64x$

b) $3x^5 - 15x^3y - 42xy^2$

c) $x^4 - 13x^2 + 36$

d) $3x^5 + 15x^3 - 108x$

e) $4x^3y + 36x^2y^2 - 144xy^3$

f) $6x^5y^2 - 48x^3y^2 - 54xy^2$

g) $4x^2y + 28axy^2 + 48a^2y^3$

h) $3a^4y - 3a^3y^2 - 126a^2y^3$

i) $4x^6 - 148x^4 + 144x^2$

39 Simplificar as seguintes frações:

a) $\dfrac{x^2 - 2x - 24}{x^2 + 10x + 24}$

b) $\dfrac{x^2 - 4x - 21}{x^2 - 9}$

c) $\dfrac{4x^2y - 16xy}{x^2 + 5x - 36}$

d) $\dfrac{x^2 - x - 72}{x^2 + 3x - 108}$

e) $\dfrac{x^2 - 14x + 48}{x^2 - x - 30}$

f) $\dfrac{x^2 - 49}{x^2 - 2x - 63}$

g) $\dfrac{x^2 + 3x - 54}{x^2 - 12x + 36}$

h) $\dfrac{x^2 - 8xy - 9y^2}{x^2 - 10xy + 9y^2}$

i) $\dfrac{3x^2y - 15xy^2}{x^2 + 4xy - 45y^2}$

j) $\dfrac{3x^3 - 3x^2y - 36xy^2}{4x^3 - 36x^2y - 144xy^2}$

k) $\dfrac{6x^3 + 6x^2y - 336xy^2}{3x^3 - 9x^2y - 84xy^2}$

l) $\dfrac{10x^2y - 20xy^2 - 150y^3}{5x^3y - 85x^2y^2 + 300xy^3}$

Resp: **31** a) (x + 3)(x + 4)   b) (x − 2)(x −6)   c) (x + 4)(x + 5)   d) (x − 3)(x −6)   e) (x + 2)(x + 7)   f) (x − 2)(x −7)   g) (x − 2)(x − 8)
h) (x + 2)(x + 8)   i) (x − 3)(x − 7)   j) (x + 4)(x + 6)   k) (x + 5)(x + 5)   l) (x − 1)(x − 9)   m) (x + 1)(x + 8)   n) (x − 1)(x − 6)

32 a) (x − 5)(x + 3)   b) (x + 5)(x − 3)   c) (x − 8)(x + 3)   d) (x + 8)(x − 3)   e) (x + 5)(x − 2)   f) (x − 5)(x + 2)   g) (x −6)(x + 2)
h) (x + 6)(x − 2)   i) (a + 7)(a −3)   j) (a − 8)(a + 4)   k) (y − 7)(y + 4)   l) (y + 8)(y − 5)   m) (n + 7)(n − 5)   n) (n − 8)(n + 6)

33 a) (x + 13)(x + 4)   b) (x + 9)(x − 2)   c) (x − 4)(x − 5)   d) (x − 11)(x + 2)   e) (x + 13)(x − 2)   f) (x + 2)(x +9)   g) (x − 13)(x + 2)
h) (x − 4)(x − 7)   i) (x − 9)(x + 4)   j) (x − 2)(x −10)   k) (a + 10)(a − 4)   l) (y − 11)(y + 5)   m) (y − 4)(y −9)   n) (a − 15)(a + 2)

34 a) (x + 4)(x − 3)   b) (x − 5)(x + 4)   c) (a + 5)(a − 4)   d) (y + 6)(y − 5)   e) (n + 3)(n − 2)   f) (x − 7)(x + 6)   g) (y − 8)(y + 7)
h) (a − 9)(a + 8)   i) (x + 10)(x −9)   j) (x + 2)(x − 1)   **35** a) (x −1)(x −6)   b) (x − 8)(x + 1)   c) (a + 5)(a −1)
d) (a + 1)(a + 3)   e) (n −11)(n + 1)   f) (y −1)(y − 9)   g) (a + 6)(a − 1)   h) (n − 9)(n + 1)   i) (x + 1)(x + 5)
j) (x + 13)(x − 1)   k) (x − 3)(x + 1)   l) (x − 1)(x − 2)

17

40 Resolver as seguintes equações:

a) $x^2 - 9x + 20 = 0$

b) $x^2 + 3x - 40 = 0$

c) $x^2 - 3x - 40 = 0$

d) $x^2 - 2x - 63 = 0$

e) $x^2 + 6x - 72 = 0$

f) $x^2 - 17x - 84 = 0$

g) $x^2 + 30x - 99 = 0$

h) $x^2 + 36x - 160 = 0$

i) $x^2 + 9x - 52 = 0$

j) $x^2 - 11x - 42 = 0$

k) $x^2 - 20x + 51 = 0$

l) $x^2 + 12x - 64 = 0$

m) $x^2 + 21x + 54 = 0$

n) $x^2 + 6x - 91 = 0$

o) $x^2 - 4x - 117 = 0$

p) $x^2 + x - 110 = 0$

q) $x^2 - 24x - 81 = 0$

r) $x^2 + 10x - 119 = 0$

s) $3x^5 - 15x^3 - 108x = 0$

t) $4x^5 - 80x^3 + 256x = 0$

u) $2x - 6x^2 - 56x^3 = 0$

v) $4x - 20x^3 - 144x^5 = 0$

Fatoração

5º caso: Agrupamento

Neste caso agrupamos os termos de forma conveniente e em cada grupo fatoramos conforme o caso, em geral obtém-se um fator comum para por em evidência.

$$\alpha(x+y) = x\alpha + y\alpha \iff x\alpha + y\alpha = \alpha(x+y)$$

Exemplos:

1) $2x\underbrace{(a+b)}_{\alpha} - y\underbrace{(a+b)}_{\alpha}$
   $2x\alpha - y\alpha$
   $\alpha(2x - y)$
   $(a+b)(2x-y)$

2) $\underbrace{ax+ay}_{} + \underbrace{bx+by}_{}$
   $a(x+y) + b(x+y)$
   $a(x+y) + b(x+y)$
   $(x+y)(a+b)$

3) $\underbrace{ax-bx}_{} - \underbrace{ay+by}_{}$
   $x(a-b) - y$ (atenção)
   $x(a-b) - y(a-b)$
   $(a-b)(x-y)$

41 Fatorar as expressões:

a) $3a(x-y) - 2b(x-y)$

b) $7x(2a+b) + y(2a+b)$

c) $xa + xb + ya + yb$

d) $ax + ay + cx + cy$

e) $x^2 + xy + ax + ay$

f) $2x^2 + 2xy + ax + ay$

g) $ax - ay + 2x - 2y$

h) $3x^2 - 6xy + 2ax - 4ay$

Resp: 36 a) $(x+2)(x+5)$ b) $(x+2a)(x+5a)$ c) $(x+7a)(x-5a)$ d) $(x+5a)(x-2a)$ e) $(x-10n)(x+7n)$ f) $(x-10n)(x+6n)$ g) $(x-8y)(x+3y)$ h) $(x+9y)(x-3y)$ i) $(x-6y)(x-8y)$ j) $(x-12y)(x+5y)$ k) $(y-3x)(y-9x) = (3x-y)(9x-y)$ l) $(y+6x)(y+7x)$ m) $(a-3n)(a+2n)$ n) $(y+4n)(y-3n)$ **37** a) $4x(4x-2y+3)$ b) $(x+5y)(x-5y)$ c) $(x-10)(x+2)$ d) $(x-4y)^2$ e) $(x-1)(x-2)$ f) $(x+1)(x+25)$ g) $(2x-7)^2$ h) $(18x+17)(18x-17)$ i) $(21x-2)^2$ j) $(x-1)(x-16)$ k) $(a-6x)(a+5x)$ l) $(n+7y)(n-6y)$ **38** a) $2x(x+4)(x-8)$ b) $3x(x^2+2y)(x^2-7y)$ c) $(x+2)(x-2)(x+3)(x-3)$ d) $3x(x+2)(x-2)(x^2+9)$ e) $4xy(x+12y)(x-3y)$ f) $6xy^2(x+3)(x-3)(x^2+1)$ g) $4y(x+4ay)(x+3ay)$ h) $3a^2y(a-7y)(a+6y)$ i) $4x^2(x+1)(x-1)(x+6)(x-6)$ **39** a) $\dfrac{x-6}{x+6}$ b) $\dfrac{x-7}{x-3}$ c) $\dfrac{4xy}{x+9}$ d) $\dfrac{x+8}{x+12}$ e) $\dfrac{x-8}{x+5}$ f) $\dfrac{x-7}{x-9}$ g) $\dfrac{x+9}{x-6}$ h) $\dfrac{x+y}{x-y}$ i) $\dfrac{3xy}{x+9y}$ j) $\dfrac{3(x-4y)}{4(x-12y)}$ k) $\dfrac{2(x+8y)}{x+4y}$ l) $\dfrac{2(x+3y)}{x(x-12y)}$

19

42 Fatorar as seguintes expressões:

a) ax + ay − bx − by

b) xa + xb − 3a − 3b

c) x^2 + 2xy − 3ax − 6ay

d) x^2 − 2ax − 7x + 14a

e) $6x^2$ − 2xy − 9ax + 3ay

f) $12x^2$ − 8xy − $9xy^2$ + $6y^3$

g) xa + xb + 2a + 2b

h) xa + xb + a + b

i) x^3 + x^2 + x + 1

j) $5x^2$ + 10ax + x + 2a

k) xa + x − a − 1

l) x^2 − xy − x + y

m) ax + by + ay + bx

n) $4x^2$ + 9y − 6x − 6xy

o) x^3 + 3ay − x^2y − 3ax

p) 9xy + 8ay − $12y^2$ − 6ax

43 Fatorar as expressões:

a) $x^2 - 2x - xy + 2y - xz + 2z$

b) $8x^2 - 12x - 4xy + 6y + 6ax - 9a$

c) $6x^2 - 4xy + 6x - 9ax + 6ay - 9a$

d) $5a^2 - 10ab - 10a - 3ax + 6bx + 6x$

e) $18x^3 - 6x^2y - 27ax^2 + 9axy$

f) $24x^2y^2 - 12axy^2 - 32x^3y + 16ax^2y$

g) $x^3 + x^2y - 4x - 4y$

h) $x^4 - x^2y^2 - 9x^2 + 9y^2$

i) $x^3 - x^2 - x + 1$

j) $2ax^2 - 10axy - 28ay^2 - 3x^2 + 12xy + 36y^2$

k) $2ax - 4ay - 3x^2 + 12y^2$

l) $2x^3 + 12x^2y + 18xy^2 - 18a^2x$

Resp: **40** a) V = {4, 5} b) S = {−8, 5} c) {−5, 8} d) {−7, 9} e) {−12, 6} f) {−4, 21} g) {−33, 3}
h) {−40, 4} i) {−13, 4} j) {−3, 14} k) {3, 17} l) {−16, 4} m) {−18, −3} n) {7, −13}
o) {−9, 13} p) {−11, 10} q) {27, −3} r) {−17, 7} s) {−3, 0, 3} t) {−4, −2, 0, 2, 4}
u) $\left\{-\frac{1}{4}, 0, \frac{1}{7}\right\}$ v) $\left\{-\frac{1}{3}, 0, \frac{1}{3}\right\}$ **41** a) (x − y)(3a − 2b) b) (2a + b)(7x + y) c) (a + b)(x + y)
d) (x + y)(a + c) e) (x + y)(x + a) f) (x + y)(2x + a) g) (x − y)(a + 2) h) (x − 2y)(3x + 2a)

44 Simplificar as seguintes frações:

a) $\dfrac{4x^2 - 12xy + 9y^2}{4x^2 - 6xy - 6x + 9y}$

b) $\dfrac{9x^2 + 15xy - 24x - 40y}{9x^2 - 25y^2}$

c) $\dfrac{x^3 - 9x^2y + x - 9y}{x^2 - 2xy - 63y^2}$

d) $\dfrac{4x^3 - 6xy - 8x}{4x^3 - 6xy - 8x - 2x^2 + 3y + 4}$

e) $\dfrac{x^2 - 2xy + y^2 - z^2}{2x^2 - 2xy + 2xz - 3x + 3y - 3z}$

f) $\dfrac{x^3 - 2x^2y - 9xy^2 + 18y^3}{2x^4 + 2x^3y - 12x^2y^2}$

g) $\dfrac{x^3 - 2x^2 - 9x + 18}{2x^3 + 2x^2 - 12x - x^2y - xy + 6y}$

h) $\dfrac{8x^4 - 12x^3 - 32x^2y^2 + 48xy^2}{4x^3y - 6x^2y + 8x^2y^2 - 12xy^2}$

22

45 Resolver as seguintes equações:

a) $x^3 - 2x^2 - 9x + 18 = 0$

b) $x^3 + x^2 - x - 1 = 0$

c) $2x^3 - 9x^2 - 8x + 36 = 0$

d) $12x^3 - 20x^2 - 27x + 45 = 0$

e) $x^4 - 3x^3 + x^2 - 3x = 0$

f) $4x^4 - 20x^3 + 9x^2 - 45x = 0$

g) $4x^6 - 4x^5 + x^4 + 4x^2 - 4x + 1 = 0$

h) $x^6 - 9x^5 - 52x^4 - x^2 + 9x + 52 = 0$

i) $x^7 - x^6 - 9x^5 + 9x^4 - 16x^3 + 16x^2 + 144x - 144 = 0$

Resp: **42** a) $(x + y)(a - b)$ b) $(a + b)(x - 3)$ c) $(x + 2y)(x - 3a)$ d) $(x - 2a)(x - 7)$ e) $(3x - y)(2x - 3a)$ f) $(3x - 2y)(4x - 3y^2)$
g) $(a + b)(x + 2)$ h) $(a + b)(x + 1)$ i) $(x + 1)(x^2 + 1)$ j) $(x + 2a)(5x + 1)$ k) $(a + 1)(x - 1)$ l) $(x - y)(x - 1)$
m) $(x + y)(a + b)$ n) $(2x - 3)(2x - 3y)$ o) $(x - y)(x^2 - 3a)$ p) $(3x - 4y)(3y - 2a)$

43 a) $(x - 2)(x - y - z)$ b) $(2x - 3)(4x - 2y + 3a)$ c) $(3x - 2y + 3)(2x - 3a)$ d) $(a - 2b - 2)(5a - 3x)$ e) $3x(3x - y)(2x - 3a)$
f) $4xy(2x - a)(3y - 4x)$ g) $(x + 2)(x - 2)(x + y)$ h) $(x + y)(x - y)(x + 3)(x - 3)$ i) $(x + 1)(x - 1)^2$
j) $(x + 2y)(2ax - 14ay - 3x + 18y)$ k) $(x - 2y)(2a - 3x - 6y)$ l) $2x(x + 3y + 3a)(x + 3y - 3a)$

23

Fatoração

6º caso: **Soma de cubos e diferença de cubos**

Neste caso usamos os produtos notáveis de binômio por trinômio que dão a soma ou diferença de cubos e a propriedade simétrica da igualdade.

$$(a+b)(a^2-ab+b^2) = a^3+b^3 \iff a^3+b^3 = (a+b)(a^2-ab+b^2)$$
$$(a-b)(a^2+ab+b^2) = a^3-b^3 \iff a^3-b^3 = (a-b)(a^2+ab+b^2)$$

Exemplos:

1) $a^3 + 8 = (a+2)(a^2 - 2a + 4)$

2) $x^3 - 27 = (x-3)(x^2 + 3x + 9)$

3) $a^6 + b^3 = (a^2 + b)(a^4 - a^2b + b^2)$

4) $8x^3 - 27 = (2x - 3)(4x^2 + 6x + 9)$

46 Fatorar as seguintes expressões:

a) $x^3 + y^3 =$

b) $x^3 - y^3 =$

c) $x^3 + n^3 =$

d) $a^3 - x^3 =$

e) $x^3 - 64 =$

f) $a^2 + 27 =$

g) $8a^3 - 27 =$

h) $27x^3 - 1 =$

i) $125 - x^3 =$

j) $a^3 + 216 =$

47 Fatorar as seguintes expressões:

a) $2x^5 + 2x^2y^3 =$

b) $3x^4y^2 - 24xy^5 =$

c) $81x^4 + 24x =$

d) $2x^4y - 128xy^4 =$

e) $250y - 16y^4 =$

f) $1000x^5y + 728x^2y^4 =$

48 Fatorar as expressões:

a) $x^6 - y^6 =$

b) $x^6 - 64y^6 =$

c) $a^6 - 729 =$

d) $3x^7 - 192x =$

49 Fatorar as expressões:

a) $64x^6 - 16x^3y^3 + y^6 =$

b) $x^6 + 54x^3 + 729 =$

c) $x^6 - 7x^3 + 8 =$

d) $2x^4 - x^3y - 2xy^3 + y^4 =$

e) $a^3x^3 + a^3y^3 - 8x^3 - 8y^3 =$

Resp: **44** a) $\frac{2x-3y}{2x-3}$ b) $\frac{3x-8}{3x-5y}$ c) $\frac{x^2+1}{x+7y}$ d) $\frac{2x}{2x-1}$ e) $\frac{x-y-z}{2x-3}$ f) $\frac{x-3y}{2x^2}$ g) $\frac{x-3}{2x-y}$ h) $\frac{2(x-2y)}{y}$

45 a) {−3, 2, 3} b) {−1, 1} c) $\left\{-2, 2, \frac{9}{2}\right\}$ d) $\left\{-\frac{3}{2}, \frac{5}{3}, \frac{3}{2}\right\}$ e) {0, 3} f) {0, 5} g) $\left\{\frac{1}{2}\right\}$

h) {−4, −1, 1, 13} i) {−3, −2, 1, 2, 3}

50 Simplificar as seguintes frações:

a) $\dfrac{6x^2 - 2xy}{27x^3 - y^3}$

b) $\dfrac{4x^3 - 8x^2 + 16x}{x^3 + 8}$

c) $\dfrac{8x^3 + 27}{4x^2 - 9}$

d) $\dfrac{16x^2 - 8xy + y^2}{64x^3 - y^3}$

e) $\dfrac{x^2 - 4x - 32}{x^3 + 64}$

f) $\dfrac{x^3 + 343y^3}{x^2 + 4xy - 21y^2}$

g) $\dfrac{27x^3 - 8}{3x^2 + 3xy - 2x - 2y}$

h) $\dfrac{x^3 + x^2 + x - x^2y - xy - y}{2x^4 - 2x}$

51 Resolver as seguintes equações:

a) $x^3 - 8 + 3x^2 - 6x = 0$

---

b) $12x^2 - 18x + 8x^3 - 27 = 0$

---

c) $x^3 - 6x^2 - 24x + 64 = 0$

---

d) $x^3 + 21x^2 - 105x - 125 = 0$

Resp: **46** a) $(x + y)(x^2 - xy + y^2)$ b) $(x - y)(x^2 + xy + y^2)$ c) $(x + n)(x^2 - xn + n^2)$ d) $(a - x)(a^2 + ax + x^2)$
e) $(x - 4)(x^2 + 8x + 16)$ f) $(a + 3)(a^2 - 3a + 9)$ g) $(2a + 3)(4a^2 - 6a + 9)$ h) $(3x - 1)(9x^2 + 3x + 1)$
i) $(5 - x)(25 + 5x + x^2)$ j) $(a + 6)(a^2 - 6a + 36)$ **47** a) $2x^2(x + y)(x^2 - xy + y^2)$ b) $3xy^2(x - 2y)(x^2 + 2xy + 4y^2)$
c) $3x(3x + 2)(9x^2 - 6x + 4)$ d) $2xy(x - 4y)(x^2 + 4xy + 16y^2)$ e) $2y(5 - 2y)(25 + 10y + 4y^2)$
f) $8x^2y(5x + 6y)(25x^2 - 30xy + 36y^2)$ **48** a) $(x + y)(x^2 - xy + y^2)(x - y)(x^2 + xy + y^2)$
b) $(x + 2y)(x^2 - 2xy + 4y^2)(x - 2y)(x^2 + 2xy + 4y^2)$ c) $(a + 3)(a^2 - 3a + 9)(a - 3)(a^2 + 3a + 9)$
d) $3x(x + 2)(x^2 - 2x + 4)(x - 2)(x^2 + 2x + 4)$ **49** a) $(2x - y)^2(4x^2 + 2xy + y^2)^2$ b) $(x + 3)^2(x^2 - 3x + 9)^2$
c) $(x - 2)(x^2 + 2x + 4)(x + 1)(x^2 - x + 1)$ d) $(2x - y)(x - y)(x^2 + xy + y^2)$ e) $(x + y)(x^2 - xy + y^2)(a - 2)(a^2 + 2a + 4)$

27

Fatoração

7° caso: **Polinômio cubo perfeito**

Neste caso usamos os casos de produtos notáveis cubo da soma e cubo da diferença e a propriedade simétrica da igualdade

$$(a+b)^3 = a^3 + 3a^2b + 3ab^2 + b^3 \iff a^3 + 3a^2b + 3ab^2 + b^3 = (a+b)^3$$
$$(a-b)^3 = a^3 - 3a^2b + 3ab^2 - b^3 \iff a^3 - 3a^2b + 3ab^2 - b^3 = (a-b)^3$$

Exemplos:

1) $x^3 + 6x^2y + 12xy^2 + 8y^3 = (x + 2y)^3$

2) $x^3 - 12x^2 + 48x - 64 = (x - 4)^3$

52 Fatorar as expressões:

a) $x^3 + 3x^2n + 3xn^2 + n^3$

b) $x^3 - 3x^2a + 3xa^2 - a^3$

c) $27a^3 - 54a^2 + 36a - 8$

d) $8x^3 + 60x^2 + 150x + 125$

e) $27a^3 + 27a^2 + 9a + 1$

f) $8x^3 - 36x^2 + 54x - 27$

g) $x^3 - 3x^2 + 3x - 1$

h) $a^3 + 6a^2 + 12a + 8$

i) $x^3 - 9x^2 + 27x - 27$

j) $y^3 + 12y^2 + 48y + 64$

53 Fatorar as expressões:

a) $24x^5y - 36x^4y^2 + 18x^3y^3 - 3x^2y^4$

b) $54x^4y^2 + 108x^3y^3 + 72x^2y^4 + 16xy^5$

c) $24a^5 + 180a^4 + 450a^3 + 375a^2$

d) $2x^6 - 42x^5 + 294x^4 - 686x^3$

54 Fatorar as seguintes expressões:

a) $x^6 - 12x^4 + 48x^2 - 64$

b) $x^6 - 27x^4 + 243x^2 - 729$

c) $x^9 + 24x^6 + 192x^3 + 512$

d) $x^{12} - 3x^8 + 3x^4 - 1$

e) $3x^{11}y - 9x^8y^4 + 9x^5y^7 - 3x^2y^{10}$

f) $8x^{12} + 24x^9 + 24x^6 + 8x^3$

53 Fatorar as expressões:

a) $x^3 - 3x + \dfrac{3}{x} - \dfrac{1}{x^3}$

b) $x^3 + x^2y + \dfrac{1}{3}xy^2 + \dfrac{y^3}{27}$

c) $27x^3 + 18x^2y + 4xy^2 + \dfrac{8}{27}y^3$

d) $\dfrac{1}{125}x^3 - \dfrac{6}{25}x^2y + \dfrac{12}{5}xy^2 - 8y^3$

e) $\dfrac{a^3}{64} - \dfrac{9a^2}{16} + \dfrac{27a}{4} - 27$

f) $x^3 + \dfrac{ax^2}{2} + \dfrac{a^2x}{12} + \dfrac{a^3}{216}$

g) $27x^3 + a^3 + 27ax^2 + 9a^2x$

h) $-135x^2y + 225xy^2 + 27x^3 - 125y^3$

Resp: **50** a) $\dfrac{2x}{9x^2 + 3xy + y^2}$ b) $\dfrac{4x}{x+2}$ c) $\dfrac{4x^2 - 6x + 9}{2x - 3}$ d) $\dfrac{4x - y}{16x^2 + 4xy + y^2}$ e) $\dfrac{x - 8}{x^2 - 4x + 16}$ f) $\dfrac{x^2 - 7xy + 49y^2}{x - 3y}$

g) $\dfrac{9x^2 + 6x + 4}{x + y}$ h) $\dfrac{x - y}{2x(x - 1)}$ **51** a) $\{-4; -1; 2\}$ b) $\left\{-\dfrac{3}{2}; \dfrac{3}{2}\right\}$ c) $\{-4; 2; 8\}$ d) $\{-25; -1; 5\}$

56 Resolver as seguintes equações:

a) $x^3 - 6x^2 + 12x - 8 = 0$

b) $8x^3 - 36x^2 + 54x - 27 = 0$

c) $3x^4 - 36x^3 + 144x^2 - 192x = 0$

d) $27x^4 + 135x^3 + 225x^2 + 125x = 0$

e) $x^6 - 12x^4 + 48x^2 - 64 = 0$

f) $x^6 - 3x^4 + 3x^2 - 1 = 0$

g) $x^5[(x-2)(x-4)+4] - x^2[2(2x-1)(2x+3)-7x] = 4(3x-2)$

57 Simplificar as seguintes frações:

a) $\dfrac{9x^2y - 6xy}{27x^3 - 54x^2 + 36x - 8}$

b) $\dfrac{4x^2 + 12x + 9}{8x^3 + 36x^2 + 54x + 27}$

c) $\dfrac{27x^3 - 27x^2 + 9x - 1}{9x^2 - 1}$

d) $\dfrac{x^3 + 15x^2 + 75x + 125}{x^2 - 4x - 45}$

e) $\dfrac{x^3 - 8}{x^3 - 6x^2 + 12x - 8}$

f) $\dfrac{27x^3 + 54x^2 + 36x + 8}{27x^3 + 8}$

g) $\dfrac{24x^4y - 108x^3y^2 + 162x^2y^3 - 81xy^4}{4x^3 - 12x^2y + 9xy^2 + 4ax^2 - 12axy + 9ay^2}$

h) $\dfrac{18x^3 + 48x^2 + 32x - 9ax^2 - 24ax - 16a}{54x^4 + 216x^3 + 288x^2 + 128x}$

Resp: **52** a) $(x + n)^3$ b) $(x - a)^3$ c) $(3a - 2)^3$ d) $(2x + 5)^3$ e) $(3a + 1)^3$ f) $(2x - 3)^3$ g) $(x - 1)^3$ h) $(a + 2)^3$ i) $(x - 3)^3$ j) $(y + 4)^3$

53 a) $3x^2y(2x - y)^3$ b) $2xy^2(3x + 2y)^3$ c) $3a^2(2a + 5)^3$ d) $2x^3(x - 7)^3$ **54** a) $(x + 2)^3(x - 2)^3$ b) $(x + 3)^3(x - 3)^3$

c) $(x + 2)^3(x^2 - 2x + 4)^3$ d) $(x^2 + 1)^3(x + 1)^3(x - 1)^3$ e) $3x^2y(x - y)^3(x^2 + xy + y^2)^3$ f) $8x^3(x + 1)^3(x^2 - x + 1)^3$

55 a) $\left(x - \dfrac{1}{x}\right)^3$ b) $\left(x + \dfrac{y}{3}\right)^3$ c) $\left(3x + \dfrac{2}{3}y\right)^3$ d) $\left(\dfrac{1}{5}x - 2y\right)^3$ e) $\left(\dfrac{a}{4} - 3\right)^3$ f) $\left(x + \dfrac{a}{6}\right)^3$ g) $(3x + a)^3$ h) $(3x - 5y)^3$

31

58 Fatorar as seguintes expressões

a) $12x^4y^3 + 18x^3y^2 =$

b) $25x^2 - 36 =$

c) $4x^2 + 4xy + y^2 =$

d) $4x^2 - 20xy + 25y^2 =$

e) $x^2 - 9x + 20 =$

f) $x^2 + 14x + 24 =$

g) $x^2 - 9x - 36 =$

h) $8y^3 - 1 =$

i) $8 + 27y^3 =$

j) $25a^2 - 10a + 1 =$

k) $a^3 + 3a^2 + 3a + 1 =$

l) $x^2 + 2x - 80 =$

m) $y^3 - 125 =$

n) $y^3 - 6y^2 + 12y - 8 =$

o) $x^2 - 7ax + 10a^2 =$

p) $x^2 - 2nx - 15n^2 =$

q) $3ax + 2bx + 3ay + 2by =$

r) $6ax - 10ay + 9x - 15y =$

s) $15x^2 - 10xy - 9x + 6y =$

t) $x^3 - xy - x^2 + y =$

59 Fatorar:

a) $4x^4y - 36x^2y^3$

b) $24a^3x - 24a^2x^2 + 6ax^3$

c) $3x^4y - 12x^3y - 36x^2y$

d) $32ax^5 - 4a^4x^2$

60 Fatorar as seguintes expressões:

a) $36ax^4 - 24a^2x^3 + 4a^3x^2$

b) $81a^4 + 162a^3 + 108a^2 + 24a$

c) $3a^2x^4 - 36a^3x^3 + 144a^4x^2 - 192a^5x$

d) $2a^2y^3 - 4a^3y^2 - 70a^4y$

e) $60ax^3 - 24a^2x^2 - 9ax^2y + 36a^2xy$

f) $24x^4y - 12x^3y^2 - 16x^2y^2 + 8xy^3$

g) $3x^6 - 48x^2$

h) $2x^5 - 16x^3 + 32x$

i) $x^9 - 64x^3y^6$

j) $2x^2y^3 - 6xy^3 - 2x^2y^2 + 6xy^2 - 60x^2y + 180xy =$

Resp: **56** a) $\{2\}$ b) $\left\{\dfrac{3}{2}\right\}$ c) $\{0; 4\}$ d) $\left\{-\dfrac{5}{3}, 0\right\}$ e) $\{-2; 2\}$ f) $\{-1; 1\}$ g) $\{-1; 1; 3\}$ **57** a) $\dfrac{3xy}{(3x-2)^2}$

b) $\dfrac{1}{2x+3}$ c) $\dfrac{(3x-1)^2}{3x+1}$ d) $\dfrac{(x+5)^2}{x-9}$ e) $\dfrac{x^2+2x+4}{(x-2)^2}$ f) $\dfrac{(3x+2)^2}{9x^2-6x+4}$ g) $\dfrac{3xy(2x-3y)}{x+a}$ h) $\dfrac{2x-a}{2x(3x+4)}$

33

61 Fatorar as seguintes expressões:

a) $(x + y)^2 - 1$

b) $x^2 - 2xy + y^2 - 9$

c) $4x^2 - 12xy + 9y^2 - 4z^2$

d) $25 - 9x^2 + 24xy - 16y^2$

e) $9x^2 - 30xy + 25y^2 - 6ax + 10ay$

f) $6x^2y - 14xy - 9x^2 + 42x - 49$

g) $a^2 - c^2 + b^2 - d^2 + 2ab + 2cd$

h) $8x^3 - 12x^2y + 6xy^2 - y^3 - 4ax^2 + 4axy - ay^2$

i) $12ax^2 - 3ay^2 - 20x^2 + 20xy - 5y^2$

62 Simplificar as seguintes frações:

a) $\dfrac{9x^2 - 6x + 1 - 25y^2}{9x^2y + 15xy^2 - 3xy}$

b) $\dfrac{2x^6 - 32x^2y^4}{x^3 - 2x^2y + 4xy^2 - 8y^3}$

c) $\dfrac{9x^2 + 12xy + 4y^2 - 16}{3x^2 + 2xy - 4x + 9ax + 6ay - 12a}$

d) $\dfrac{x^3 + 7x^2 - 21x - 27}{x^3 + ax^2 - 2x^2 - 2ax - 3x - 3a}$

e) $\dfrac{2x^3 - x^2y - 50x - 25y}{4x^3 - 20x^2 - xy^2 + 5y^2}$

Resp: **58** a) $6x^3y^2(2xy + 3)$ b) $(5x + 6)(5x - 6)$ c) $(2x + y)^2$ d) $(2x - 5y)^2$ e) $(x - 4)(x - 5)$ f) $(x + 2)(x + 12)$ g) $(x - 12)(x + 3)$
h) $(2y - 1)(4y^2 + 2y + 1)$ i) $(2 + 3y)(4 - 6y + 9y^2)$ j) $(5a - 1)^2$ k) $(a + 1)^3$ l) $(x + 10)(x - 8)$ m) $(y - 5)(y^2 + 5y + 25)$
n) $(y - 2)^3$ o) $(x - 2a)(x - 5a)$ p) $(x - 5n)(x + 2n)$ q) $(3a + 2b)(x + y)$ r) $(3x - 5y)(2a + 3)$ s) $(3x - 2y)(5x - 3)$
t) $(x^2 - y)(x - 1)$ **59** a) $4x^2y(x + 3y)(x - 3y)$ b) $6ax(2a - x)^2$ c) $3x^2y(x - 6)(x + 2)$ d) $4ax^2(2x - a)(4x^2 + 2ax + a^2)$
60 a) $4ax^2(3x - a)^2$ b) $3a(3a + 2)^3$ c) $3a^2x(x - 4a)^3$ d) $2a^2y(y - 7a)(y + 5a)$ e) $6ax(5x - 2a)(2x - 3y)$
f) $4xy(2x - y)(3x^2 - 2y)$ g) $3x(x^2 + 4)(x + 2)(x - 2)$ h) $2x(x + 2)^2(x - 2)^2$ i) $x^3(x + 2y)(x^2 - 2xy + 4y^2)(x - 2y)(x^2 + 2xy + 4y^2)$
j) $2xy(x - 3)(y - 6)(y + 5)$

35

Frações algébricas

Expressões algébricas racionais fracionárias (frações algébricas) são expressões do tipo

$$\frac{8x^2}{3y} \quad , \quad 5yx^{-3} = \frac{5y}{x^3} \quad , \quad \frac{x-5y}{3x+y} \quad e \quad \frac{x^2-5x-1}{x^2-16}$$

Multiplicação

Usamos a propriedade $\dfrac{a}{b} \cdot \dfrac{c}{d} = \dfrac{ac}{bd}$ para simplificar expressões que contêm multiplicação de frações algébricas. Antes de efetuar as multiplicações é conveniente verificar se é possível efetuar simplicações.

Para isto é necessário que numeradores e denominadores estejam fatorados.

Exemplos:

1) $\dfrac{2x}{3y} \cdot \dfrac{4x^2}{5y} = \dfrac{8x^3}{15y^2}$

2) $\dfrac{2x^4}{5x^6} \cdot \dfrac{y^7}{7y^4} = \dfrac{2}{5x^2} \cdot \dfrac{y^3}{7} = \dfrac{2y^3}{35x^2}$

3) $\dfrac{x+y}{x} \cdot \dfrac{x+y}{x-y} = \dfrac{x^2+2xy+y^2}{x^2-xy}$

4) $\dfrac{2(x+y)}{3x(x-y)} \cdot \dfrac{(x+y)(x-y)}{2y(x+y)} = \dfrac{x+y}{3xy}$

5) $\dfrac{x^2-y^2}{x^2-2xy+y^2} \cdot \dfrac{4x^2-4xy}{4x-8} = \dfrac{(x+y)(x-y)}{(x-y)^2} \cdot \dfrac{4x(x-y)}{4(x-2)} = \dfrac{x+y}{1} \cdot \dfrac{x}{x-2} = \dfrac{x^2+xy}{x-2}$

63 Efetuar as multiplicações (simplificar antes, se possível).

a) $\dfrac{3x^2}{4y} \cdot \dfrac{5x}{y^2} =$

b) $\dfrac{3x^4}{7x^2} \cdot \dfrac{2y}{5y^2} =$

c) $\dfrac{2x}{x-y} \cdot \dfrac{x+y}{3y} =$

d) $\dfrac{2(x+y)}{3y} \cdot \dfrac{x}{(x+y)} =$

e) $\dfrac{2(x-2)}{(x-3)} \cdot \dfrac{(x+2)}{3x(x-2)} =$

f) $\dfrac{(x-y)^2}{3(x+y)} \cdot \dfrac{3x}{5(x-y)} =$

g) $\dfrac{2x-4}{x^2-4x+4} \cdot \dfrac{x^2-4}{x^2-x-6}$

h) $\dfrac{x^2-y^2}{x^2+xy} \cdot \dfrac{x^3}{xy-y^2} =$

i) $\dfrac{2x-2}{x^2+2x-3} \cdot \dfrac{x^2-9}{x^2-2x-3}$

j) $\dfrac{x^2-25}{x^2-2x-35} \cdot \dfrac{x^2-14x+49}{x^2-12x+35} =$

Frações algébricas

Divisão

Usamos a propriedade $\dfrac{a}{b} : \dfrac{c}{d} = \dfrac{a}{b} \cdot \dfrac{d}{c}$ para simplificar expressões que contêm divisão de frações algébricas. É conveniente verificar se é possível efetuar simplificações. Para isto é necessário que numeradores e denominadores estejam fatorados.

Exemplos:

1) $\dfrac{2x}{7y^3} : \dfrac{5y}{3x^2} = \dfrac{2x}{7y^3} \cdot \dfrac{3x^2}{5y} = \dfrac{6x^3}{35y^4}$

2) $\dfrac{6x^4}{15y^7} : \dfrac{8x^3}{10y^4} = \dfrac{6x^4}{15y^7} \cdot \dfrac{10y^4}{8x^3} = \dfrac{2x}{5y^3} \cdot \dfrac{5}{4} = \dfrac{x}{2y^3}$

3) $\dfrac{x^2-9}{x^2+7x+12} : \dfrac{x^2-x-6}{x^2+2x-8} = \dfrac{(x+3)(x-3)}{(x+3)(x+4)} \cdot \dfrac{(x+4)(x-2)}{(x-3)(x+2)} = \dfrac{x-2}{x+2}$

64 Efetuar as divisões, nos casos:

a) $\dfrac{3ax}{4by} : \dfrac{2b}{3x^2}$

b) $\dfrac{4x^3}{15y^4} : \dfrac{6x}{5y^3}$

c) $\dfrac{51x^4}{y} : 34x^6$

d) $\dfrac{x^2-9y^2}{x^2-2xy-15y^2} : \dfrac{x^2-6xy+9y^2}{x^2+2xy-15y^2}$

e) $\dfrac{2x^2-10x}{x^2+xy} : \dfrac{x^2+2x-35}{4x^2+28x}$

f) $\dfrac{x^2+8x-9}{x^2-x} : \dfrac{3x^2+27x}{x+1}$

g) $\dfrac{x^2+3x-40}{5x^2-15x} : \dfrac{7x^2-35x}{x^2+5x-24}$

Resp: **61** a) $(x+y+1)(x+y-1)$ b) $(x-y+3)(x-y-3)$ c) $(2x-3y+2z)(2x-3y-2z)$ d) $(5+3x-4y)(5-3x+4y)$
e) $(3x-5y)(3x-5y-2a)$ f) $(3x-7)(2xy-3x+7)$ g) $(a+b+c-d)(a+b-c+d)$ h) $(2x-y)^2(2x-y-a)$
i) $(2x-y)(6ax+3ay-10x+5y)$ **62** a) $\dfrac{3x-5y-1}{3xy}$ b) $2x^2(x+2)$ c) $\dfrac{3x+2y+4}{x+3a}$ d) $\dfrac{x-3}{x+a}$ e) $\dfrac{x+5}{2x+y}$

37

65 Simplificar as seguintes expressões:

a) $\dfrac{x^2-25}{x^2-x-72} \cdot \dfrac{x^2-x-56}{4x^2-40x} \cdot \dfrac{8x^2+64x}{x^2+10x+25} \cdot \dfrac{x^2-5x-50}{x^2-13x+40}$

b) $\left(\dfrac{x^2-2ax-48a^2}{x^2-49a^2} : \dfrac{x^2-14ax+48a^2}{x^2+4ax-21a^2}\right) \cdot \left(\dfrac{x^2+2ax-63a^2}{x^2+5ax-6a^2} : \dfrac{x^2+3ax-54a^2}{x^2-12ax+36a^2}\right)$

c) $\left(\dfrac{6x^2-9ax-4xy+6ay}{4x^2-6xy-6ax+9ay} : \dfrac{12x^2-8xy-3ay+2ay}{8ax-12ay-2x^2+3xy}\right) : \dfrac{4ax-x^2-4a^2+ax}{4x^2-ax+4ax-a^2}$

d) $\dfrac{x^2-4y^2+9a^2-6ax}{3x^2y-9axy-6xy^2} : \left(\dfrac{8x^3+12ax^2+18a^2x+27a^3}{16x^4-81a^4} : \dfrac{6x^2+9ax}{3ay-xy-2y^2}\right)$

38

Frações algébricas

Adição e subtração

Fazemos a adição e subtração de numeradores de frações algébricas, quando as frações têm denominadores iguais. Se as frações envolvidas não têm denominadores iguais e necessário reduzilas a um denominador comum, determinando para isto, o mínimo múltiplo comum dos denominadores.

Exemplos:

1) $\dfrac{x}{x-y} + \dfrac{y}{x-y} = \dfrac{x+y}{x-y}$

2) $\dfrac{x^2}{x+2} - \dfrac{4}{x+2} = \dfrac{x^2-4}{x+2} = \dfrac{(x+2)(x-2)}{x+2} = x-2$

3) $\dfrac{x-1}{x+1} - \dfrac{x+1}{x-1} + \dfrac{2x^2+2}{x^2-1} =$

mmc $= (x+1)(x-1)$

$\dfrac{(x-1)^2 - (x+1)^2 + 2x^2 + 2}{(x+1)(x-1)} =$

$\dfrac{x^2 - 2x + 1 - x^2 - 2x - 1 + 2x^2 + 2}{(x+1)(x-1)} =$

$\dfrac{2x^2 - 4x + 2}{(x+1)(x-1)} = \dfrac{2(x^2 - 2x + 1)}{(x+1)(x-1)} =$

$= \dfrac{2(x-1)^2}{(x+1)(x-1)} = \dfrac{2(x-1)}{x+1}$

4) $\dfrac{x-2}{x+2} - \dfrac{x}{x-2} - \dfrac{2}{2-x} =$

$\dfrac{x-2}{x+2} - \dfrac{x}{x-2} + \dfrac{2}{x-2} =$

$\dfrac{(x-2)^2 - x(x+2) + 2(x+2)}{(x+2)(x-2)} =$

$\dfrac{x^2 - 4x + 4 - x^2 - 2x + 2x + 4}{(x+2)(x-2)} =$

$\dfrac{-4x+8}{(x+2)(x-2)} = \dfrac{-4(x-2)}{(x+2)(x-2)} = \dfrac{-4}{x+2}$

66 Determinar o máximo divisor comum (mdc) e o mínimo múltiplo comum (mmc) das expressões dadas, nos casos:

a) x^2y^3z, $x^4y^2z^2$, x^3y^5

b) $9x^2y$, $12xy^3$, $18x$

c) $4x(x+2)(x-2)$, $6x(x-2)^2$

d) $18x^2(x-y)^2$, $27x(x+y)$

e) $8x(x+y)(x-y)$, $6xy(x+y)^2$, $12y(x-y)^2$

Resp: **63** a) $\dfrac{15x^3}{4y^3}$ b) $\dfrac{6x^2}{35y}$ c) $\dfrac{2x^2+2xy}{3xy-3y^2}$ d) $\dfrac{2x}{3y}$ e) $\dfrac{2x+4}{3x^2-9x}$ f) $\dfrac{x^2-xy}{5x+5y}$ g) $\dfrac{2}{x-3}$ h) $\dfrac{x^2}{y}$

i) $\dfrac{2}{x+1}$ j) 1 **64** a) $\dfrac{9ax^3}{8b^2y}$ b) $\dfrac{2x^2}{9y}$ c) $\dfrac{3}{2x^2y}$ d) $\dfrac{x+5y}{x-5y}$ e) $\dfrac{8x}{x+y}$ f) $\dfrac{x+1}{3x^2}$ g) $\dfrac{x^2+16x+64}{35x^2}$

39

67 Determinar o mdc e mmc das expressões, nos casos:

a) $x^2 - 2x$, $x^2 - 4$, $x^2 - 4x + 4$

b) $4x^3 + 4x^2$, $6x^3 + 12x^2 + 6x$, $8x^3 - 8x$

c) $x^2 - x - 6$, $x^2 - 9$, $x^2 - 6x + 9$, $x^2 + x - 6$

d) $2bx - 2ab - ax + a^2$, $2bx - 2b^2 - ax + ab$, $8ab - 4a^2$, $12b^2 - 6ab$

68 Efetuar as seguintes adições e subtrações:

a) $\dfrac{2x}{x+a} + \dfrac{3x}{x+a} =$

b) $\dfrac{x}{x+y} - \dfrac{y}{x+y} =$

c) $\dfrac{3x}{x+y} - \dfrac{2x-y}{x+y} =$

d) $\dfrac{3y}{x-y} + \dfrac{x-2y}{x-y} =$

e) $\dfrac{x^2+4}{x^2-4} + \dfrac{4x}{x^2-4} =$

f) $\dfrac{x^2+y^2}{x^2-y^2} - \dfrac{2xy}{x^2-y^2} =$

g) $\dfrac{2x^2-7}{x^2+2x+1} - \dfrac{x^2-6}{x^2+2x+1} =$

h) $\dfrac{10-9x-2x^2}{x^2-9} - \dfrac{1-3x-3x^2}{x^2-9} =$

69 Simplificar as seguintes expressões:

a) $\dfrac{(3x-1)(2x-4)}{12(x+2)(x-2)} - \dfrac{(x-4)(3x+6)}{12x(x+2)(x-2)} + \dfrac{33x^2+4(8x-7)}{12x(x+2)(x-2)} - \dfrac{12x(x+2)}{12x(x+2)(x-2)} + \dfrac{12x(2-x)}{12x(x+2)(x-2)} =$

b) $\dfrac{\dfrac{x}{x-a} - \dfrac{a}{x+a} + \dfrac{2ax}{x^2-a^2}}{(x+a)(x-a)} =$

c) $\dfrac{\dfrac{x+2}{x+1} - \dfrac{1+2x-x^2}{x^2-1} - \dfrac{x}{x-1}}{(x+1)(x-1)} =$

d) $\dfrac{x-2}{x+3} - \dfrac{x+2}{x-3} - \dfrac{39-x^2}{x^2-9} =$

e) $\dfrac{2x+5}{x+3} - \dfrac{x^2+22x+57}{x^2+6x+9} =$

f) $\dfrac{1}{x^2-2xy+y^2} - \dfrac{2}{x^2-y^2} - \dfrac{1}{x^2+2xy+y^2} =$

Resp: **65** a) $\dfrac{2x+14}{x-9}$ b) $\dfrac{x-3a}{x-a}$ c) $\dfrac{x+a}{x-a}$ d) $\dfrac{9a^2-4x^2}{y^2}$ **66** a) x^2y^2, $x^4y^5z^2$ b) $3x$, $36x^2y^3$

c) $2x(x-2)$, $12x(x+2)(x-2)^2$ d) $9x$, $54x^2(x+y)(x-y)^2$ e) 2, $24xy(x+y)^2(x-y)^2$

70 Simplificar as seguintes expressões:

a) $\dfrac{x^2+8}{x^2-16} + \dfrac{x-1}{4-x} + \dfrac{x+2}{x+4}$

b) $\dfrac{2x^2+36}{x^2-9} - \dfrac{x+4}{3-x} - \dfrac{2x-3}{x+3}$

c) $\dfrac{x+2}{x+1} + \dfrac{x-2}{1-x} - \dfrac{2}{x^2-1}$

d) $\dfrac{2x-1}{x+2} + \dfrac{3(x+1)}{4-x^2} - \dfrac{x-4}{x-2}$

e) $\dfrac{3x^2+3y^2}{x^2-y^2} - \dfrac{2x-y}{y-x} + \dfrac{x-2y}{-x-y}$

f) $\dfrac{3x-2}{2x} + \dfrac{x+5}{2x-4x^2} - \dfrac{3x-7}{2x-1}$

71 Simplificar as seguintes expressões:

a) $\left(\dfrac{6x^2 + 8x - 20}{x^2 + 4x - 5} + \dfrac{2x - 3}{1 - x} - \dfrac{3x + 2}{x + 5} \right) \cdot \left(\dfrac{2x - 1}{x + 3} + \dfrac{x + 3}{3 - x} + \dfrac{19x + 11}{x^2 - 9} \right)$

b) $\left(\dfrac{2x - 3}{x + 2} - \dfrac{2x}{2 - x} - \dfrac{3x^2 - 4x + 18}{x^2 - 4} \right) : \left(\dfrac{6x^2 + 2x - 2}{x^2 + 2x - 8} - \dfrac{3x}{x + 4} + \dfrac{2x + 1}{2 - x} \right)$

Resp: 67 a) $(x-2)$; $x(x+2)(x-2)^2$ b) $2x(x+1)$; $24x^2(x+1)^2(x-1)$ c) 1 ; $(x+2)(x-2)(x+3)(x-3)^2$
d) $(2b-a)$; $12ab(2b-a)(x-a)(x-b)$ **68** a) $\dfrac{5x}{x+a}$ b) $\dfrac{x-y}{x+y}$ c) $\dfrac{y}{x+y}$ d) $\dfrac{x+y}{x-y}$ e) $\dfrac{x+2}{x-2}$ f) $\dfrac{x-y}{x+y}$
g) $\dfrac{x-1}{x+1}$ h) $\dfrac{x-3}{x+3}$ **69** a) $\dfrac{1}{x-2}$ b) $\dfrac{x+a}{x-a}$ c) $\dfrac{x-3}{x-1}$ d) $\dfrac{x-13}{x-3}$ e) $\dfrac{x-14}{x+3}$ f) $\dfrac{-2x^2 + 4xy + 2y^2}{(x+y)^2(x-y)^2}$

43

72 Em cada caso é dada uma expressão **E** na variável real **x**. Determinar o conjunto de números reais que **x** não pode assumir para que exista a expressão **E**.

a) $E = \dfrac{3}{x-1} + \dfrac{5}{x-3}$

b) $E = \dfrac{x+2}{x+1} - \dfrac{x+3}{x+2} + \dfrac{5}{x}$

c) $E = \dfrac{x+1}{7} - \dfrac{3x-1}{5}$

d) $E = \dfrac{x+2}{x^2+1} - \dfrac{x-5}{x^2+4} + \dfrac{1}{7}$

e) $E = \dfrac{x-3}{x^2+5} + \dfrac{7}{x^2}$

f) $E = \dfrac{x+3}{2x-8} - \dfrac{x-5}{3x+9}$

g) $E = \dfrac{1}{x-1} - \dfrac{2}{x+1} - \dfrac{x+2}{x^2-1}$

h) $E = \dfrac{5}{x^2-4} - \dfrac{6x}{x^2+6x+9}$

i) $E = \dfrac{x^2-5}{2x+7} - \dfrac{x+2}{3x-5} - \dfrac{1}{x}$

j) $E = \dfrac{x+9}{3x-2} - \dfrac{x}{2x+3} - \dfrac{1}{x^2+4}$

k) $E = \left(\dfrac{x+2}{x-2} - \dfrac{x}{x+2}\right) : \dfrac{x-5}{x-1}$

l) $E = \dfrac{x^2+4}{x^2-4} : \dfrac{x^2-7x-30}{x^2-16}$

73 Dada a expressão **E** na variável real **x**, determine o domínio de validade (ou apenas domínio ou campo de valores toleráveis) de **E**, nos casos:

a) $E = \dfrac{x-7}{x-2} - \dfrac{x+8}{x-5}$

b) $E = \dfrac{x+5}{x^2-9} - \dfrac{2}{x+3} - \dfrac{3}{x-3}$

c) $E = \dfrac{x}{x^2+1} + \dfrac{5}{x^2+3}$

d) $E = \dfrac{2}{x+3} - \dfrac{x}{x^2-6x+9} - \dfrac{x^2}{2x-7}$

e) $E = \left(\dfrac{x}{3x+5} - \dfrac{5}{x}\right) : \dfrac{x-4}{x-5}$

f) $E = \left(\dfrac{x^2-1}{x} - \dfrac{x^2-9}{x^2-x-42}\right) : \dfrac{x^2-4}{x^2+5}$

44

74 Determinar o valor numérico da expressão **E**, nos casos:

a) $E = \dfrac{x+2}{x-2}$, para $x = 4$

b) $E = \dfrac{5-x}{x+3}$, para $x = -2$

c) $E = \dfrac{x+7}{x-5}$, para $x = 5$

d) $E = \dfrac{x^2 - x - 2}{x-2}$, para $x = 2$

e) $E = \dfrac{x-2}{x+2}$, para $x = 2$

f) $E = \dfrac{2x-1}{x+2}$, para $x = 3$

75 Determinar o valor numérico da expressão dada, nos casos:
(É conveniente, primeiramente, simplificar as expressões algébricas).

a) $E = \dfrac{x+3}{x-1} - \dfrac{x^2 - 7x - 2}{x^2 - 1} + \dfrac{x-2}{x+1}$, para $x = 33$

b) $E = \dfrac{2x-3}{x+5} - \dfrac{3x-2}{x-2} - \dfrac{51 - 18x - 2x^2}{x^2 + 3x - 10}$, para $x = 22$

c) $E = \dfrac{x+3}{2x-6} - \dfrac{6x+6}{x^2 - 9} - \dfrac{x-3}{3x+9}$, para $x = 21$

Resp: **70** a) $\dfrac{x-1}{x+4}$ b) $\dfrac{x+13}{x-3}$ c) $\dfrac{2}{x+1}$ d) $\dfrac{x-2}{x+2}$ e) $\dfrac{4x}{x-y}$ f) $\dfrac{3}{2x}$ **71** a) $\dfrac{x+1}{x-3}$ b) $\dfrac{x^2 + 8x + 16}{x^2 + 4x + 4}$

45

II EQUAÇÕES FRACIONÁRIAS

Exemplos:

1) $\dfrac{x-2}{x-1} - \dfrac{7}{x^2-1} = \dfrac{x-3}{x+1}$

i) Determinamos o mmc dos denominadores:

   mmc = $(x+1)(x-1)$.

ii) Determinamos o domínio de validade D (conjunto dos valores que as variáveis podem assumir de modo que as frações algébricas tenham sentido). Os valores de **x** que anulam o mmc são os valores de **x** que anulam os denominadores.

   $D = R - \{-1, 1\}$

iii) Eliminando os denominadores, obtemos:

   $(x+1)(x-2) - 7 = (x-1)(x-3)$

   $x^2 - x - 2 - 7 = x^2 - 4x + 3$

   $3x = 12 \Rightarrow x = 4$

   $4 \in D \Rightarrow V = \{4\}$

2) $\dfrac{x+3}{2x-4} - \dfrac{x+8}{x^2-4} = \dfrac{x+5}{x+2}$

i) Fatoramos os denominadores:

   $2x - 4 = 2(x-2)$

   $x^2 - 4 = (x+2)(x-2)$

ii) mmc = $2(x+2)(x-2)$

   $2(x+2)(x-2) = 0 \Rightarrow x = -2$ ou $x = 2 \Rightarrow$

   $\Rightarrow D = R - \{-2, 2\}$

iii) Eliminamos os denominadores:

   $(x+2)(x+3) - 2(x+8) = 2(x-2)(x+5)$

   $x^2 + 5x + 6 - 2x - 16 = 2(x^2 + 3x - 10)$

   $x^2 + 3x - 10 = 2x^2 + 6x - 20 \Rightarrow$

   $x^2 + 3x - 10 = 0 \Rightarrow$

   $(x+5)(x-2) = 0 \Rightarrow$

   $x + 5 = 0$ ou $x - 2 = 0 \Rightarrow$

   $x = -5$ ou $x = 2$

   $2 \notin D$, $-5 \in D \Rightarrow V = \{-5\}$

3) $\dfrac{x+3}{x^2-2x-3} - \dfrac{x-2}{x^2-1} = \dfrac{2-x^2}{x^2-4x+3} + \dfrac{4x^2+9x-23}{x^3-3x^2-x+3}$

i) Fatoramos os denominadores:

   $x^2 - 2x - 3 = (x-3)(x+1)$; $x^2 - 1 = (x+1)(x-1)$; $x^2 - 4x + 3 = (x-3)(x-1)$

   $x^3 - 3x^2 - x + 3 = x^2(x-3) - 1(x-3) = (x-3)(x^2-1) = (x-3)(x+1)(x-1)$

ii) mmc = $(x-3)(x+1)(x-1) \Rightarrow D = R - \{-1, 1, 3\}$

iii) Eliminamos os denominadores:

   $(x-1)(x+3) - (x-3)(x-2) = (x+1)(2-x^2) + 4x^2 + 9x - 23$

   $x^2 + 2x - 3 - (x^2 - 5x + 6) = 2x - x^3 + 2 - x^2 + 4x^2 + 9x - 23$

   $7x - 9 = -x^3 + 3x^2 + 11x - 21 \Rightarrow$

   $x^3 - 3x^2 - 4x + 12 = 0 \Rightarrow$

   $x^2(x-3) - 4(x-3) = 0 \Rightarrow$

   $(x-3)(x^2-4) = 0 \Rightarrow (x-3)(x+2)(x-2) = 0 \Rightarrow$

   $x - 3 = 0$ ou $x + 2 = 0$ ou $x - 2 = 0 \Rightarrow x = 3$ ou $x = -2$ ou $x = 2$

   $-2 \in D$, $2 \in D$, $3 \notin D \Rightarrow V = \{-2, 2\}$

76 Resolver as seguintes equações:

a) $\dfrac{3}{4x} - \dfrac{2}{3} = \dfrac{5}{6x} - \dfrac{3}{4}$

b) $\dfrac{5}{4x} - \dfrac{2}{3x} + \dfrac{1}{6} = \dfrac{x+1}{2x}$

c) $\dfrac{5}{4} - \dfrac{x-1}{8x} - \dfrac{4-x}{6x} = \dfrac{10}{3x}$

d) $\dfrac{x-1}{2x} = \dfrac{x-2}{3x} - \dfrac{1}{4} + \dfrac{11}{6x}$

e) $\dfrac{3x-4}{6x} - \dfrac{1}{3} - \dfrac{x-8}{9x} = \dfrac{5}{6} - \dfrac{x-1}{2x}$

f) $\dfrac{2x-1}{4x} - \dfrac{1}{3} = \dfrac{5}{6} - \dfrac{3x-1}{2x}$

Resp: **72** a) {1, 3}   b) {−2, −1, 0}   c) ϕ d) ϕ e) {0}   f) {−3, 4}   g) {−1, 1}   h) {−3, −2, 2}   i) $\left\{-\dfrac{7}{2}, 0, \dfrac{5}{3}\right\}$

j) $\left\{-\dfrac{3}{2}, \dfrac{2}{3}\right\}$ k) {−2, 1, 2, 5}   l) {−4, −3, −2, 2, 4, 10}   **73** a) D = R − {2, 5}   b) D = R − {−3, 3}   c) D = R

d) D = R − $\left\{-3, 3, \dfrac{7}{2}\right\}$ e) D = R − $\left\{-\dfrac{5}{3}, 0, 4, 5\right\}$ f) D = R − {−6, −2, 0, 2, 7}   **74** a) 3   b) 7

c) Não existe   d) Não existe   e) 0   f) 1   **75** a) $\dfrac{5}{4}$ b) $\dfrac{3}{4}$ c) $\dfrac{1}{9}$

47

77 Resolver as seguintes equações:

a) $\dfrac{2}{5} - \dfrac{x-1}{6x} - \dfrac{x+1}{2x} = \dfrac{8-x}{15x}$

b) $\dfrac{2x+3}{4x} - \dfrac{x-1}{5x} = \dfrac{1}{10} - \dfrac{2-x}{2x}$

c) $\dfrac{2x}{x-2} - \dfrac{x^2+24}{x^2-2x} = \dfrac{x-3}{x}$

d) $\dfrac{2x^2-3}{x^2-3x} - \dfrac{x-5}{x} = \dfrac{x+2}{x-3}$

e) $\dfrac{4x+1}{x^2-49} + \dfrac{2x}{x-7} - \dfrac{x}{x+7} = 1$

f) $\dfrac{x+3}{x+5} = \dfrac{3}{x-5} - \dfrac{5-x^2}{x^2-25}$

48

78 Resolver as seguintes equações:

a) $\dfrac{4x^2}{x^2-1} + \dfrac{2x}{1-x} = \dfrac{2x-3}{x+1}$

$\dfrac{4x^2}{(x+1)(x-1)} - \dfrac{2x}{x-1} = \dfrac{2x-3}{x+1}$

Observe a 2ª fração

b) $\dfrac{3x+2}{x} = \dfrac{x^2+8}{x^2-2x} - \dfrac{2x-1}{2-x}$

c) $\dfrac{3x}{x+4} - \dfrac{2x-1}{x-4} = \dfrac{15-x^2}{16-x^2}$

d) $\dfrac{18}{a^2-36} - \dfrac{2a-3}{6-a} = \dfrac{2a}{a+6}$

e) $\dfrac{4}{x+1} - \dfrac{x-1}{x^2+x} - \dfrac{x+1}{x^2-x} + \dfrac{2}{1-x} = 0$

Resp: **76** a) {1} b) $\left\{\dfrac{1}{4}\right\}$ c) {3} d) {4} e) {−1} f) $\left\{\dfrac{9}{10}\right\}$

79 Resolver as seguintes equações:

a) $\dfrac{x-1}{x+2} = \dfrac{2x-1}{3x+2}$

b) $\dfrac{2x^2 - 6x - 5}{2x - 3} = \dfrac{x^2 - 3x + 13}{2x - 3}$

c) $\dfrac{x+1}{x+3} - \dfrac{x+1}{x-1} + \dfrac{4}{3} = 0$

d) $\dfrac{20x + 45}{x^2 + x - 12} = \dfrac{2x+3}{x-3} - \dfrac{x-1}{x+4}$

80 Resolver as seguintes equações:

a) $\dfrac{x+2}{x-2} + \dfrac{x-4}{x+3} = 3$

b) $\dfrac{6x^2 + x - 20}{x^2 - 2x} - \dfrac{2x-1}{x-2} = \dfrac{3x+4}{x}$

c) $\dfrac{2}{x+1} + \dfrac{3}{x+2} - \dfrac{5}{x-3} = 0$

Resp: **77** a) $\left\{-\dfrac{13}{3}\right\}$ b) $\left\{\dfrac{13}{2}\right\}$ c) {6} d) ∅ e) {−2} f) ∅ **78** a) ∅ b) {−4} c) {1} d) {0} e) $\left\{-\dfrac{1}{3}\right\}$

81 Resolver as seguintes equações:

a) $\dfrac{2x-1}{x-1} - \dfrac{16-2x^2}{x^2-1} = \dfrac{3x+2}{x+1}$

b) $\dfrac{x-1}{x+2} - \dfrac{2x+1}{x-2} = \dfrac{20}{4-x^2}$

c) $\dfrac{2x-4}{x+3} + \dfrac{3x-6}{3-x} + \dfrac{18}{x^2-9} = 0$

52

82 Resolver as seguintes equações:

a) $\dfrac{2x+3}{x} - \dfrac{3x-1}{2x+3} - \dfrac{15x+9}{2x^2+3x} = 0$

b) $\dfrac{2x-3}{2x+3} + \dfrac{2x+3}{3-2x} = \dfrac{52-x^2}{4x^2-9}$

c) $\dfrac{3x+4}{2-x} - \dfrac{4x^2+16x+72}{4-x^2} = \dfrac{3x-2}{2+x}$

d) $\dfrac{1-x^2}{3x^2-x} + \dfrac{2x+2}{1-3x} = \dfrac{2x-2}{x}$

Resp: **79** a) {0,4}   b) {−3; 6}   c) {−2; 3}   d) {9}   **80** a) {−8; 4}   b) {−6}   c) $\left\{-\dfrac{31}{23}\right\}$

53

83 Resolver as seguintes equações:

a) $\dfrac{25x}{3x^2 - 2x} - \dfrac{1 - 3x}{2 - 3x} = \dfrac{2 - 4x}{x}$

b) $\dfrac{-x - 8}{x^2 - 6x + 9} = \dfrac{3x - 2}{x - 3} - \dfrac{2x - 1}{2x - 6}$

c) $\dfrac{2x - 5}{x^2 - 4x + 4} - \dfrac{3}{x - 2} = \dfrac{7(x - 2) - x^2(x - 2)}{x^3 - 6x^2 + 12x - 8}$

84 Resolver as seguintes equações:

a) $\dfrac{4x-2}{x^2-3x+2} - \dfrac{2x+5}{x^2+x-6} = \dfrac{2x-1}{x^2+2x-3}$

b) $\dfrac{2}{x-3} - \dfrac{4x-5}{x^2+3x+9} = \dfrac{x+39}{x^3-27}$

c) $\dfrac{3+9x-10x^2}{x^4-16} + \dfrac{2x-3}{x^3+2x^2+4x+8} + \dfrac{x^2-x-1}{x^3-2x^2+4x-8} = 0$

Resp: **81** a) {−5, 3}   b) {−10}   c) {−16}   **82** a) {2}   b) {−2; 26}   c) {−3; 10}   d) ∅

55

85 Resolver as seguintes equações:

a) $\dfrac{2x+4}{2x-6} - \dfrac{3x-4}{3x+12} = \dfrac{10x-1}{x^2+x-12}$

b) $\dfrac{4x-1}{4x^2+8x+16} = \dfrac{3x^2+2x}{x^3-8} + \dfrac{2}{2-x}$

c) $\dfrac{2x^2-6x}{x+7} = \dfrac{63x^2+23x+27}{x^2-49} + \dfrac{6x^2+5x}{7-x}$

86 Resolver as seguintes equações:

a) $\dfrac{x^6 + 36}{x^3 + x^2 + x + 1} + \dfrac{x^6 - 13x^5 + 37x^3 - 49x}{x^4 - 1} = \dfrac{x^3 - 13x}{x^3 - x^2 + x - 1}$

Obs: Sabe-se que não existe número real que torna $x^2 + x + 1 = 0$

b) $\dfrac{2x - 1}{x^2 - 4x + 16} - \dfrac{x - 3}{x^2 + 3x - 4} = \dfrac{13x^2 - 30x + 43}{x^4 - x^3 + 64x - 64}$

Resp: **83** a) $\left\{-\dfrac{2}{3}\right\}$ b) $\left\{\dfrac{5}{2}\right\}$ c) $\{-2; 3\}$ **84** a) $\left\{\dfrac{1}{4}\right\}$ b) $\{2; 9\}$ c) $\{7; \pm 1\}$

III EQUAÇÕES LITERAIS

Uma equação do 1º grau em uma determinada variável, **x** por exemplo, onde alguns coeficientes são letras, a, b, ... por exemplo, são chamadas **equações literais** do 1º grau.

Para a sentença ax = b, de acordo com os valores dos parâmentros a e b, temos três situações. Sendo $U = \mathbb{R}$ = conjunto dos números reais,

temos:

1º caso: $a \neq 0$

$$ax = b, \ a \neq 0 \Rightarrow x = \frac{b}{a} \Rightarrow V = \left\{\frac{b}{a}\right\}$$

Quando $a \neq 0$, existe um único valor de x, que é $\frac{b}{a}$, que torna a senteça verdadeira.

2º caso: a = 0 e b = 0

$$ax = b \Rightarrow 0x = 0 \Rightarrow V = \mathbb{R}$$

Quando a = b = 0, qualquer valor de x torna a senteça verdadeira.

3º caso: a = 0 e $b \neq 0$

$$ax = b \Rightarrow 0x = b, \ b \neq 0 \Rightarrow V = \varnothing$$

Quando a = 0 e $b \neq 0$, **não existe** valor de x que torna a sentença verdadeira.

Exemplos: Resolver, discutindo segundo os parâmetros dados, as seguintes equações na variável x, sendo $U = \mathbb{R}$

1) (a – 1) x = b – 2

  I) $a \neq 1 \Rightarrow x = \frac{b-2}{a-1} \Rightarrow V = \left\{\frac{b-2}{a-1}\right\}$

  II) a = 1 e b = 2 $\Rightarrow$ 0x = 0 $\Rightarrow$ $V = \mathbb{R}$

  III) a = 1 e $b \neq 2$ $\Rightarrow$ 0x = b – 2 $\neq$ 0 $\Rightarrow$ $V = \varnothing$

2) $(a^2 + a - 2) x^2 = a - 1$

  (a + 2)(a – 1) x = a – 1

  I) $a - 1 \neq 0, a + 2 \neq 0 \Rightarrow a \neq 1, a \neq -2 \Rightarrow x = \frac{a-1}{(a+2)(a-1)} = \frac{1}{a+2} \Rightarrow V = \left\{\frac{1}{a+2}\right\}$

  II) a – 1 = 0 $\Rightarrow$ a = 1 $\Rightarrow$ 0x = 0 $\Rightarrow$ $V = \mathbb{R}$

  III) a + 2 = 0 $\Rightarrow$ a = –2 $\Rightarrow$ 0x = –2 –1 $\neq$ 0 $\Rightarrow$ $V = \varnothing$

3) (a – 1) x = (a – 1)(a + 2)

  I) a – 1 = 0 $\Rightarrow$ 0x = 0 $\Rightarrow$ $V = \mathbb{R}$

  II) a – 1 $\neq$ 0 $\Rightarrow$ x = a + 2 $\Rightarrow$ V = {a + 2}

87 Em cada caso é dada uma sentença do tipo **ax = b**. Responder com (único), (infinitos) ou (nenhum) conforme, respectivamente, existir um único, infinitos ou nenhum valor de x que torne a sentença ax = b verdadeira.

a) 7x = 5 ( )	b) 2x = 0 ( )	c) 0x = 0 ( )
d) – x = 2 ( )	e) 0x = 7 ( )	f) 0x = – 2 ( )
g) $\frac{2}{3}$x = 0 ( )	h) 0x = 2 – 2 ( )	i) 0x = $\frac{2}{3}$ ( )
j) (a – a)x = 0 ( )	k) (2 – 3) x = 0 ( )	l) (2 – 2) x = 1 – 2 ( )

88 Em cada caso é dada uma equação na variável x, sendo U = $\mathbb{Q}$, o conjunto universo dado, determinar o conjunto solução para os particulares valores dados para os parâmetros. Olhar o item a

a) (a – 3) x = a + 2

   I) a = 5 $\Rightarrow$ 2x = 7 $\Rightarrow$ x = $\frac{7}{2}$ $\Rightarrow$ S = $\left\{\frac{7}{2}\right\}$

   II) a = – 2 $\Rightarrow$ – 5x = 0 $\Rightarrow$ x = 0 $\Rightarrow$ S = {0}

   III) a = 3 $\Rightarrow$ 0x = 5 $\Rightarrow$ x = 0 $\Rightarrow$ S = $\varnothing$

b) (a – 4) x = a + 2

   I) a = – 6 $\Rightarrow$

   II) a = – 2 $\Rightarrow$

   III) a = 4 $\Rightarrow$

c) (a – 2) x = (a + 3)(a – 2)

   I) a = 5 $\Rightarrow$

   II) a = – 3 $\Rightarrow$

   III) a = 2 $\Rightarrow$

d) (a – 3)(a – 5) x = a – 2

   I) a = 6 $\Rightarrow$

   II) a = 2 $\Rightarrow$

   III) a = 3 $\Rightarrow$

   IV) a = 5 $\Rightarrow$

Resp: **85** a) {15}   b) {34}   c) $\left\{\frac{3}{2}\right\}$ **86** a) {±2, ±3}   b) {±3}

89 Considerando U = $\mathbb{Q}$, determinar o conjunto verdade da equação dada na variável x, nos casos:

a) (a − 7)(a + 2) x = a + 2

   I) a = 8 ⇒

   II) a = 10 ⇒

   III) a = 7 ⇒

   IV) a = −2 ⇒

b) (a + 5)(a − 5) x = a + 5

   I) a = 8 ⇒

   II) a = −5 ⇒

   III) a = 5 ⇒

c) (a − 4) x = (a + 4)(a − 4)

   I) a = 10 ⇒

   II) a = −4 ⇒

   III) a = 4 ⇒

   IV) a ≠ 4 ⇒

d) (a − 6)(a − 5) x = a − 6

   I) a = 6 ⇒

   II) a = 5 ⇒

   III) a ≠ 6 e a ≠ 5 ⇒

e) (a + 7)(a − 7) x = a + 7

   I) a = −7 ⇒

   II) a = 7 ⇒

   III) a ≠ −7 e a ≠ 7 ⇒

90 Considerando $\cup = \mathbb{Q}$, determinar o conjunto verdade da equação dada na variável x, nos casos:

a) $(a - b)x = (a + b)(a - b)$

  I) $a = b \Rightarrow$

  II) $a \neq b \Rightarrow$

b) $(a + b)(a - b)x = (a - b)$

  I) $a = b \Rightarrow$

  II) $a = -b \neq 0 \Rightarrow$

  III) $a \neq -b$ e $a \neq b \Rightarrow$

c) $(m + n)x = (m + n)(m - n)$

  I) $m = -n \Rightarrow$

  II) $m \neq -n \Rightarrow$

d) $(a - 2)(a - 3)x = (a - 2)(a - 3)$

  I) $a = 2$ ou $a = 3 \Rightarrow$

  II) $a \neq 2$ e $a \neq 3 \Rightarrow$

e) $(a - b)(a + b)x = (a - b)(a + b)$

  I) $a = b$ ou $a = -b \Rightarrow$

  II) $a \neq b$ e $a \neq -b \Rightarrow$

f) $(a - m)(a - n)x = a - m$

  I) $a = m \Rightarrow$

  II) $a = n \neq m \Rightarrow$

  III) $a \neq m, a \neq n \Rightarrow$

Resp: **87** a) Único b) Único c) Infinitos d) Único e) Nenhum f) Nenhum g) Único h) Infinitos
i) Nenhum j) Infinitos k) Único l) Nenhum **88** a) I $\left\{\dfrac{7}{2}\right\}$; II {0}; III $\varnothing$ b) I $\left\{\dfrac{2}{5}\right\}$; II {0}; III $\varnothing$ c) {8}; {0}; III $\mathbb{Q}$
d) I $\left\{\dfrac{4}{3}\right\}$; II {0}; III $\varnothing$; IV $\varnothing$;

61

91 Considerando U = ℚ, determinar o conjunto verdade da equação dada na variável x, nos casos:

a) $(a^2 - 4)x = a^2 + 4a + 4$

I) $a = -2 \Rightarrow$

II) $a = 2 \Rightarrow$

III) $a \neq -2$ e $a \neq 2 \Rightarrow$

b) $(a^2 + 4a - 21)x = a^2 - 9$

I) $a \neq -7$ e $a \neq 3 \Rightarrow$

II) $a = 3 \Rightarrow$

III) $a = -7 \Rightarrow$

c) $(a^2 - 3a - 10)x = a^2 - 7a + 10$

I) $a \neq 5$ e $a \neq -2 \Rightarrow$

II) $a = -2 \Rightarrow$

III) $a = 5 \Rightarrow$

d) $(4n^2 - 9)x = 4n^2 - 12n + 9$

I) $n \neq -\dfrac{3}{2}$ e $n \neq \dfrac{3}{2} \Rightarrow$

II) $n = \dfrac{3}{2} \Rightarrow$

III) $n = -\dfrac{3}{2} \Rightarrow$

e) $(m^2 - 9m + 20)x = m^2 + m - 20$

I) $m \neq 4$ e $m \neq 5$

II) $m = 4 \Rightarrow$

III) $m = 5 \Rightarrow$

92 Escrever na forma $\alpha x = \beta$, com membros fatorados se possível, as seguintes equações.

a) $4x - 8 = 2ax - 12a$
   $-2ax + 4x = -12a + 8$
   $ax - 2x = 6a - 4$
   $(a - 2)x = 2(3a - 2)$

b) $ax - 7 = a + 5x$

c) $5a + 7x = bx - 10$

d) $a(3ax - 7) = 3(ax + 7)$

e) $a^2(x - 1) + a(x + 4) = 2(3x + 2)$

f) $a^3(1 - x) - 3a(a - 3) - 1 = 3a(x + 3) - x - 3a^2(x + 1)$

g) $\dfrac{2x - a}{a - 3} = \dfrac{3x + a}{a - 2}$

Resp: **89** a) I {1}; II $\left\{\dfrac{1}{3}\right\}$; III ∅; IV ℚ b) I $\left\{\dfrac{1}{3}\right\}$; II ℚ; III ∅ c) I {14}; II {0}; III ℚ; IV {a + 4} d) I ℚ; II ∅; III $\left\{\dfrac{1}{a-5}\right\}$
e) I ℚ; II ∅; III $\left\{\dfrac{1}{a+7}\right\}$ **90** a) I ℚ; II {a + b} b) I ℚ; II ∅; III $\left\{\dfrac{1}{a+b}\right\}$ c) I ℚ; II {m − n} d) I ℚ; II {1}
e) I ℚ; II {1} f) I ℚ; II ∅; III $\left\{\dfrac{1}{a-n}\right\}$

93 Resolver em U = ℝ, discutindo segundo os parâmetros, a equação na variável x, nos casos:

a) mx = n

b) (a − 1)x = b

c) (a + 1)(a − 1)x = a + 1

d) 3a(a − 5)x = a − 5

e) (a − 3)(a + 2)(a − 4)x = (a + 2)(a − 4)

94 Resolver, discutindo segundo os parâmetros, em $U = \mathbb{Q}$, as seguinte equação na variável x, nos casos

a) $(a^2 + 8a)x = a$

b) $(a^2 + 2a - 24)x = a^2 - 3a - 4$

c) $(n^2 - 4n + 4)x = n^3 - 6n^2 + 12n - 8$

d) $(n^3 + 9n^2 + 27n + 27)x = n^3 + 27$

e) $(n^2 + 2n - 15)x = n^2 - 9$

Resp: **91** a) I $\mathbb{Q}$; II $\emptyset$; III $\left\{\dfrac{a+2}{a-2}\right\}$ b) I $\left\{\dfrac{a+3}{a+7}\right\}$; II $\mathbb{Q}$; III $\emptyset$ c) I $\left\{\dfrac{a-2}{a+2}\right\}$; II $\emptyset$; III $\mathbb{Q}$ d) I $\left\{\dfrac{2n-3}{2n+3}\right\}$; II $\mathbb{Q}$; III $\emptyset$ e) I $\left\{\dfrac{m+5}{m-5}\right\}$; II $\mathbb{Q}$; III $\emptyset$

92 a) $(a-2)x = 2(3a-2)$ b) $(a-5)x = a-7$ c) $(b-7)x = 5(a+2)$ d) $3a(a-3)x = 7(a+3)$ e) $(a+3)(a-2)x = (a-2)^2$
f) $(a-1)^3 x = (a-1)(a^2 + a + 1)$ g) $(a-5)x = a(5-2a)$

95 Resolver em $\mathbb{R}$, discutindo segundo os parâmetros, a equação na variável x, nos casos

a) $ax + 3 = 3(a + x)$

b) $n^2(x - 1) = 2(8x - 5) - 3n(2x - 1)$

c) $9n(2 - 9x) = n^2(3 - nx) - 81$

d) $a^2(ax - 1) - a(2ax + 1) = 3(3ax - 2) - 18x$

96 Resolver, sem discutir, a equação na variável x, nos casos:

a) ax − 2a = bx + 2b

b) a(x − a) = 2(x − 3) + a

c) $\dfrac{ax-b}{a+b} + \dfrac{bx+a}{a-b} = \dfrac{(ab+1)(a^2+b^2)}{a^2-b^2}$

d) $\dfrac{6b+7a}{6b} - \dfrac{3ax}{2b^2} = 1 - \dfrac{ax}{b^2-ab}$

Resp: **93** a) I m≠0; V={$\dfrac{n}{m}$}; II m=0 e n=0; V=ℝ; III m=0 e n≠0; V=∅; b) I a≠1; V={$\dfrac{b}{a-1}$}; II a=1 e b=0; V=ℝ; III a=1 e b≠0; V=∅; c) I a≠−1 e a≠1; V={$\dfrac{1}{a-1}$} II a=−1; V=ℝ; III a=1; V=∅ d) I a≠0 e a≠5; V={$\dfrac{1}{3a}$}; II a=5; V=ℝ; III a=0; V=∅; e) I a≠3, a≠−2 e a≠4; V={$\dfrac{1}{a-3}$} II a=−2 ou a=4; V=ℝ; III a=3; V=∅ **94** a) I a≠0 e a≠−8; V={$\dfrac{1}{a+8}$}; II a=0; V=ℚ; III a=−8; V=∅; b) I a≠−6 e a≠4; V={$\dfrac{a+1}{a+6}$}; II a=4; V=ℚ; III a=−6; V=∅ c) I n≠2; V={n−2}; II n=2; V=ℚ d) I n≠−3 ⇒ V={$\dfrac{n^2-3n+9}{n^2+6n+9}$}; II n=−3 ⇒ V=ℚ e) I n≠−5 e n≠3; V={$\dfrac{n+3}{n+5}$}; II n=3; V=ℚ; III n=−5; V=∅;

67

97 Admitindo que os parâmetros assumem apenas valores para os quais a equação admite uma única raiz, resolver (sem discutir) a equação, nos casos:

a) $\dfrac{a(b^2+x^2)}{bx} = \dfrac{ax}{b} + ac$

b) $\dfrac{x+a}{b} - \dfrac{x-b}{a} = 2$

c) $\dfrac{x-a}{2} - \dfrac{x^2-2bx+b^2}{2x-a} = \dfrac{14b^2-8a^2}{4x-2a}$

d) $\dfrac{2x-2a}{3x-b} = \dfrac{2x+a}{3x-3b} - \dfrac{11ab+8b^2}{3b^2-12bx+9x^2}$

98 Admitindo que os parâmetros assumem apenas valores para os quais a equação admite uma única raiz, resolver (sem discutir) a equação, nos casos:

a) $\dfrac{2x+a}{x-2a} - \dfrac{x-3a}{x+4a} = \dfrac{x^2+7x+26a^2-7}{x^2+2ax-8a^2}$

b) $\dfrac{2x-3a}{x} - \dfrac{3x-2a}{2x-2a} = \dfrac{x^2-10a^2-4(x-2a)}{2x^2-2ax}$

c) $\dfrac{2m+x}{2n-x} - \dfrac{2m-x}{2n+x} = \dfrac{4mn}{4n^2-x^2}$; mmc $= (2n+x)(2n-x), D = \mathbb{R} - \{\pm 2n\}$

Resp: **95** a) I $a \neq 3$; $V = \left\{\dfrac{3(a-1)}{a-3}\right\}$; II $a = 3$; $V = \varnothing$ b) I $n \neq -8$ e $n \neq 2$; $V = \left\{\dfrac{n+5}{n+8}\right\}$; II $n = 2$; $V = \mathbb{R}$; III $n = -8$; $V = \varnothing$

c) I $n \neq 0$, $n \neq 9$, $n \neq -9$; $V = \left\{\dfrac{3(n+3)}{n(n+9)}\right\}$; II $n = 9$; $V = \mathbb{R}$; III $n = 0$ ou $n = -9$; $V = \varnothing$;

d) I $a \neq 2$, $a \neq -3$, $a \neq 3$; $V = \left\{\dfrac{1}{a-3}\right\}$; II $a = 2$ ou $a = -3$; $V = \mathbb{R}$; III $a = 3$; $V = \varnothing$;   **96** a) $\left\{\dfrac{2a+2b}{a-b}\right\}$ b) $\{a+3\}$ c) $\{ab\}$

c) $\left\{\dfrac{7b(a-b)}{3(3a-b)}\right\}$ **97** a) $\left\{\dfrac{b}{c}\right\}$ b) $\{b-a\}$ c) $\{3a+4b\}$ d) $\{2b\}$ **98** a) $\{2a+1\}$ b) $\{2a\}$ c) $\left\{\dfrac{mn}{m+n}\right\}$

IV SISTEMAS DO 1º GRAU (Revisão e complementos)

Exemplos de sistemas de duas equações do 1º grau com duas variáveis, que são **impossíveis**.
(As duas equações são contraditórias)

1) $\begin{cases} x + y = 7 \\ x + y = 8 \end{cases}$
2) $\begin{cases} 2x - 3y = 5 \\ 2x - 3y = -2 \end{cases}$
3) $\begin{cases} 6x - 8y = 10 \\ 3x - 4y = 2 \end{cases}$

Para cada um desses exemplos, cada uma das equações tem infinitas soluções, mas não existe par ordenado que seja, simultaneamente, solução de ambas.

No plano cartesiano o gráfico de uma equação do 1º grau com duas variáveis é uma reta. Neste caso as retas são paralelas distintas.

Exemplos de sistemas de duas equações do 1º grau com duas variáveis, que são **possíveis indeterminados**.
(As duas equações são iguais ou são redutíveis a uma mesma equação).

1) $\begin{cases} x + y = 7 \\ x + y = 7 \end{cases}$
2) $\begin{cases} 4x - 2y = 4 \\ 2x - y = 2 \end{cases}$
3) $\begin{cases} 4x - 2y = 4 \\ 6x - 3y = 6 \end{cases}$

Para cada um desses exemplos, cada uma das equações tem infinitas soluções e todas esses pares ordenados serão também soluções da outra equação pois ela é igual ou redutível à anterior.
Neste caso, no plano cartesiano, as retas são coincidentes.

Exemplos de sistemas de duas equações do 1º grau com duas variáveis, que são **possíveis determinados**.
(As duas equações não se encaixam em nenhum dos dois casos anteriores).

1) $\begin{cases} x + y = 7 \\ x + 2y = 8 \end{cases}$
2) $\begin{cases} 2x + y = 7 \\ 3x - y = 3 \end{cases}$
3) $\begin{cases} 4x + 3y = 6 \\ 3x - y = 11 \end{cases}$

Para cada um desses exemplos, cada equação tem infinitas soluções e existe um único par ordenado que é simultaneamente solução de ambas. No primeiro exemplo é (6, 1), no segundo (2, 3) e no terceiro (3, – 2).
Neste caso, no plano cartesiano, as retas são concorrentes.

Método da adição

Transformamos o sistema dado em um sistema equivalente de modo que os coeficientes de uma variável sejam opostos nas equações obtidas.
Então somamos as equações, membro a membro, eliminando a variável de coeficientes opostos. Determinamos a outra variável e substituindo este valor em uma das equações, determinamos o valor da outra variável.

Exemplos:

1) $\begin{cases} 2x + 3y = 11 \\ x - 3y = 1 \end{cases}$
$\overline{3x + 0y = 12}$
$3x = 12$
$\boxed{x = 4}$

Então, obtemos os seguintes sistemas equivalentes ao original:

$\begin{cases} 2x + 3y = 11 \\ x = 4 \end{cases}$ e $\begin{cases} x - 3y = 1 \\ x = 4 \end{cases}$

Substituindo, **x** por 4 em qualquer uma das outras equações, obtemos y e a solução do sistema:

$2(4) + 3y = 11 \Rightarrow 3y = 3 \Rightarrow y = 1 \Rightarrow S = \{(4, 1)\}$

2) $\begin{cases} 2x - y = 12 \\ 3x - 2y = 19 \end{cases}$

Multiplicamos a 1ª por (– 2):

$\begin{cases} -4x + 2y = -24 \\ 3x - 2y = 19 \end{cases}$

$-x = -5 \Rightarrow \boxed{x = 5}$

x = 5 e 2x – y = 12 ⇒

2(5) – y = 12 ⇒ – y = 2 ⇒ y = – 2

x = 5, y = – 2 ⇒ S = {(5, – 2)]

3) $\begin{cases} 5x - 2y = -24 \quad (3) \\ 4x + 3y = 13 \quad (2) \end{cases}$

$\begin{cases} 15x - 6y = -72 \\ 8x + 6y = 26 \end{cases}$

$23x = -46 \Rightarrow \boxed{x = -2}$

x = – 2 e 4x + 3y = 13 ⇒

4(–2) + 3y = 13 ⇒ 3y = 21 ⇒ $\boxed{y = 7}$

x = – 2, y = 7 ⇒ S = {(–2, 7)}

99 Resolver, pelo método da adição, os seguintes sistemas:

a) $\begin{cases} 2x + y = 7 \\ 3x - y = 3 \end{cases}$

b) $\begin{cases} 5x + 2y = 5 \\ -5x + 3y = 15 \end{cases}$

c) $\begin{cases} 3x - 2y = -13 \\ 4x + y = -10 \end{cases}$

d) $\begin{cases} 5x - y = 21 \\ 2x + 3y = 5 \end{cases}$

e) $\begin{cases} 5x - 7y = 15 \\ -x + 8y = -3 \end{cases}$

f) $\begin{cases} 2x - 5y = -19 \\ 7x - y = -17 \end{cases}$

100 Resolver, pelo método da adição, os seguintes sistemas:

a) $\begin{cases} 17x - 34y = 51 \\ x + 2y = 7 \end{cases}$

b) $\begin{cases} 15x - 5y = 50 \\ 14x - 7y = 42 \end{cases}$

c) $\begin{cases} 5x + 3y = 5 \\ 7x - 2y = 38 \end{cases}$

d) $\begin{cases} 7x - 2y = -25 \\ 4x - 3y = -18 \end{cases}$

e) $\begin{cases} 3x + 7y = 16 \\ -4x + 13y = 1 \end{cases}$

f) $\begin{cases} 2x + 7y = 1 \\ 3x + 11y = 1 \end{cases}$

g) $\begin{cases} 7x - 5y = 14 \\ 9x + 3y = 18 \end{cases}$

h) $\begin{cases} 28x - 42y = 0 \\ 51x - 34y = 85 \end{cases}$

Método da substituição

Escolhemos convenientemente uma das equações para determinarmos uma variável em função da outra (isolamos uma variável), substituímos esta variável da outra equação pela expressão encontrada, obtendo uma equação com uma única variável, determinamos esta variável e em seguida substituímos o valor encontrado em uma das equações anteriores, de preferência na que tem uma variável isolada, para determinar o valor desta outra.

Exemplos:

1) $\begin{cases} 2x - y = 5 \\ 5x + 3y = 29 \end{cases}$

1º) É conveniente determinar **y** em função de **x** na 1ª equação.

$2x - y = 5 \Rightarrow -y = -2x + 5 \Rightarrow \boxed{y = 2x - 5}$

2º) Vamos substituir na 2ª equação:

$5x + 3(2x - 5) = 29 \Rightarrow$

$5x + 6x - 15 = 29 \Rightarrow 11x = 44 \Rightarrow \boxed{x = 4}$

3º) $y = 2x - 5$ e $x = 4 \Rightarrow y = 2(4) - 5 \Rightarrow \boxed{y = 3}$

$x = 4$ e $y = 3 \Rightarrow S = \{(4, 3)\}$

2) $\begin{cases} 2x - 5y = 20 \\ 7x + 4y = 27 \end{cases}$

1º) $2x - 5y = 20 \Rightarrow 2x = 5y + 20 \Rightarrow \boxed{x = \dfrac{5x + 20}{2}}$

2º) Substituímos na 2ª equação

$7\left(\dfrac{5y + 20}{2}\right) + 4y = 27 \Rightarrow$

$35y + 140 + 8y = 54 \Rightarrow$

$\Rightarrow 43y = -86 \Rightarrow \boxed{y = -2}$

3º) $x = \dfrac{5y + 20}{2}$ e $y = -2 \Rightarrow$

$x = \dfrac{5(-2) + 20}{2} \Rightarrow x = \dfrac{10}{2} \Rightarrow \boxed{x = 5}$

$x = 5$ e $y = -2 \Rightarrow S = \{(5, -2)\}$

101 Resolver, pelo método da substituição, os seguintes sistemas:

a) $\begin{cases} y = 3x - 15 \\ 2x - 3y = 17 \end{cases}$

b) $\begin{cases} 3x + 5y = 25 \\ x = 2y + 1 \end{cases}$

c) $\begin{cases} 3x - 20 = y \\ 3y - 2x = -11 \end{cases}$

d) $\begin{cases} 5x + 3y = -9 \\ 4y - 11 = x \end{cases}$

102 Resolver, pelo método da substituição, os seguintes sistemas:

a) $\begin{cases} 3x + y = 4 \\ 2x - 3y = 21 \end{cases}$

b) $\begin{cases} x + 5y = -3 \\ 3x - 7y = -9 \end{cases}$

c) $\begin{cases} 5x + 2y = 27 \\ 4x - 9y = 64 \end{cases}$

d) $\begin{cases} 3x - 4y = -1 \\ 5x + 6y = 11 \end{cases}$

e) $\begin{cases} 5x - 4y = 18 \\ 2x + 5y = -6 \end{cases}$

f) $\begin{cases} 6x - 5y = 3 \\ 4x - 3y = 3 \end{cases}$

Resp: **99** a){(2, 3)} b) $\left\{\left(-\frac{3}{5}, 4\right)\right\}$ c) {(−3, 2)} d) {(4, −1)} e) {(3, 0)} f) {(−2, 3)}

100 a){(5, 1)} b) {(4,2)} c) {(4, −5)} d) {(−3, 2)} e) {(3, 1)} f) {(4, −1)} g) {(2, 0)} h) {(3, 2)}

Método da comparação

Isolamos a mesma incógnita nas duas equações, igualamos os resultados obtidos, determinando uma equação com uma única variável. Determinamos o valor desta variável e em seguida o valor da outra.

Exemplo:

$\begin{cases} 2x + 5y = -7 \\ 3x - 4y = 24 \end{cases} \Rightarrow \begin{cases} 2x = -5y - 7 \\ 3x = 4y + 24 \end{cases} \Rightarrow \begin{cases} x = \dfrac{-5y - 7}{2} \\ x = \dfrac{4y + 24}{3} \end{cases} \Rightarrow \dfrac{-5y - 7}{2} = \dfrac{4y + 24}{3} \Rightarrow$

$\Rightarrow -15y - 21 = 8y + 48 \Rightarrow 23y = -69 \Rightarrow \boxed{y = -3} \Rightarrow x = \dfrac{4(-3) + 24}{3} \Rightarrow \boxed{x = 4} \Rightarrow S = \{(4, -3)\}$

103 Resolver, pelo método da comparação, os seguintes sistemas:

a) $\begin{cases} 3x - 7y = 22 \\ 2x + 9y = 1 \end{cases}$

b) $\begin{cases} 5x - 2y = -1 \\ 7x + 4y = -15 \end{cases}$

c) $\begin{cases} x = \dfrac{2y + 2}{3} \\ 5x - 7y = -4 \end{cases}$

d) $\begin{cases} 4x + 3y = 3 \\ y = \dfrac{4 - 2x}{2} \end{cases}$

104 Resolver, pelo método que achar mais conveniente, os seguintes sistemas:

a) $\begin{cases} 3x + 7y = 50 \\ 2x - 7y = -25 \end{cases}$

b) $\begin{cases} y = 5x + 10 \\ 3x - 7y = -6 \end{cases}$

c) $\begin{cases} 8x + 3y = -9 \\ x = 12 - 3y \end{cases}$

d) $\begin{cases} x = 3y - 15 \\ x = 6 - 4y \end{cases}$

e) $\begin{cases} 2x - 3y = 3 \\ 5y - 2x = -9 \end{cases}$

f) $\begin{cases} y = \dfrac{2x + 8}{2} \\ y = \dfrac{5x + 2}{3} \end{cases}$

Resp: **101** a) {(4, −3)}   b) {(5, 2)}   c) {(7, 1)}   d) {(−3, 2)}   **102** a){(3, −5)}   b) {(−3, 0)}   c) {(7, −4)}
d) {(1, 1)}   e) {(2, −2)}   f) {(3, 3)}

105 Resolver os seguintes sistemas:

a) $\begin{cases} \dfrac{x}{3} = \dfrac{y}{2} \\ 4x - 3y = 18 \end{cases}$

b) $\begin{cases} \dfrac{3x}{4} = \dfrac{2y}{3} \\ 3x - 2y = 12 \end{cases}$

c) $\begin{cases} \dfrac{3x}{2} - \dfrac{5y}{4} = -\dfrac{17}{4} \\ 4x + y = 6 \end{cases}$

d) $\begin{cases} \dfrac{3x}{2} - \dfrac{y}{3} = 1 \\ \dfrac{2x}{3} - \dfrac{y}{6} = 2 \end{cases}$

e) $\begin{cases} 2(3x - y) - 2(2x + y) + 20 = 3 - y \\ 3(2x - 1) - 2(x - y) + x + 17 = 0 \end{cases}$

f) $\begin{cases} 3(2x - y) = 2(y - 1) + 3(x - 1) + 1 \\ 5(x - y) - 8x = 2(y - x) - 3\left(x - \dfrac{1}{3}\right) \end{cases}$

78

106 Resolver os seguintes sistemas:

a) $\begin{cases} \dfrac{x-2y}{6} - \dfrac{2x-y}{3} = \dfrac{x}{2} - \dfrac{3x+2y}{4} \\ \dfrac{x+y}{3} - \dfrac{5x-y}{9} = \dfrac{2y-3x+8}{2} \end{cases}$

b) $\begin{cases} \dfrac{x-y}{3} + \dfrac{2y+x}{4} = \dfrac{2x+y}{9} - 2 \\ \dfrac{y-2x}{3} - \dfrac{x-y+1}{4} = \dfrac{5y-3x+9}{6} \end{cases}$

c) $\dfrac{2x-y}{6} - \dfrac{2x+y}{4} - \dfrac{3y-2x-6}{2} = \dfrac{x+y}{3} - x - y = \dfrac{2y-x}{9} - \dfrac{3x-1}{2} - \dfrac{x+y}{3}$

Resp: **103** a) {(5, −1)} b) {(−1, −2)} c) {(2, 2)} d) {(−3, 5)}   **104** a) {(5, 5)} b) {(−2, 0)} c) {(−3, 5)}
d) {(−6, 3)} e) {(−3, −3)} f) {(5, 9)}

107 Resolver os seguintes sistemas:

Obs: Este tipo de sistema não é do 1º grau.

a) $\begin{cases} \dfrac{6}{x} - \dfrac{1}{y} = 1 \\ \dfrac{2}{x} - \dfrac{3}{y} = -1 \end{cases}$

b) $\begin{cases} \dfrac{3}{x} + \dfrac{5}{2y} = \dfrac{1}{8} \\ \dfrac{3}{2x} - \dfrac{1}{3y} = -\dfrac{1}{3} \end{cases}$

c) $\begin{cases} \dfrac{7}{3x+2} + \dfrac{5}{2y-1} = -\dfrac{3}{4} \\ \dfrac{1}{3x+2} + \dfrac{5}{2y-1} = \dfrac{3}{4} \end{cases}$

d) $\begin{cases} \dfrac{8}{2x+y} - \dfrac{5}{x-y} = -4 \\ \dfrac{4}{2x+y} + \dfrac{1}{x-y} = \dfrac{3}{2} \end{cases}$

108 Resolver os seguintes sistemas:

a) $\begin{cases} \dfrac{6}{2x+3y} + \dfrac{1}{2x-3y} = 1 \\ \dfrac{3}{2x+3y} - \dfrac{2}{2x-3y} = 3 \end{cases}$

b) $\begin{cases} \dfrac{x-y}{2x+y} - \dfrac{x+y+5}{6x-4y} = -\dfrac{7}{8} \\ \dfrac{2x-2y}{2x+y} + \dfrac{3x+3y+15}{3x-2y} = \dfrac{25}{4} \end{cases}$

Resp: **105** a){(9, 6)}   b) {(16, 18)}   c) $\left\{\left(\dfrac{1}{2}, 4\right)\right\}$ d) {(− 18, 60)}   e) {(− 4, 3)}   f) {(− 3, − 1)}

     106 a){(4, 2)}   b) {(− 6, 3)}   d) {(3,6)}

81

Exemplo:

Para resolvermos um sistema possível determinado de 3 equações com 3 incógnitas, eliminamos uma mesma incógnita, por adição ou subtração, em duas equações, obtendo um sistema de duas equações com duas incógnitas, determinamos essas duas incógnitas e substituímos os valores obtidos em uma das equações de três incógnitas para determinar a terceira.

$$\begin{cases} 3x + 2y + z = 11 \\ 2x - 3y - 2z = -5 \\ 4x + y - 5z = -6 \end{cases} \Rightarrow \begin{cases} z = 11 - 3x - 2y \\ 2x - 3y - 2z = -5 \\ 4x + y - 5y = -6 \end{cases} \Rightarrow \begin{cases} z = 11 - 3x - 2y \\ 2x - 3y - 2(11 - 3x - 2y) = -5 \\ 4x + y - 5(11 - 3x - 2y) = -6 \end{cases} \Rightarrow$$

$$\begin{cases} 2x - 3y - 22 + 6x + 4y = -5 \\ 4x + y - 55 + 15x + 10y = -6 \end{cases} \Rightarrow \begin{cases} 8x + y = 17 \\ 19x + 11y = 49 \end{cases} \Rightarrow \begin{cases} y = 17 - 8x \\ 19x + 11y = 49 \end{cases} \Rightarrow$$

$\Rightarrow 19x + 11(17 - 8x) = 49 \Rightarrow 19x + 187 - 88x = 49 \Rightarrow -69x = -138 \Rightarrow \boxed{x = 2}$

$\boxed{x = 2} \Rightarrow y = 17 - 8(2) \Rightarrow \boxed{y = 1} \Rightarrow z = 11 - 3(2) - 2(1) \Rightarrow \boxed{z = 3}$

$x = 2, y = 1$ e $z = 3 \Rightarrow S = \{(2, 1, 3)\}$

109 Resolver os seguintes sistemas:

a) $\begin{cases} 2x - 3y + z = -6 \\ x - 2y - 3z = -1 \\ 3x + 4y + 2z = 16 \end{cases}$

b) $\begin{cases} 3x + y - 2z = 4 \\ 2x + 3y - z = 9 \\ 4x + 2y + 3z = -4 \end{cases}$

110 Resolver os seguintes sistemas:

a) $\begin{cases} 2x + 3y + z = 40 \\ 2y - 3z = 2 \\ z = 6 \end{cases}$

b) $\begin{cases} 3a - 2b - 2c = -11 \\ 3b - 2c = 8 \\ c = -1 \end{cases}$

c) $\begin{cases} m + 2n + p = 0 \\ 3n - 5p = 15 \\ p = -3 \end{cases}$

d) $\begin{cases} x = 2z - 5 \\ y = z - 5 \\ 3x - 2y - 3z = -1 \end{cases}$

e) $\begin{cases} b = 8 + 2a \\ c = 1 - a \\ 2a - b + 5c = 7 \end{cases}$

f) $\begin{cases} x + 2z = 11 \\ y - 3z = -14 \\ 3x - 2y + z = 17 \end{cases}$

g) $\begin{cases} a + 3b = 9 \\ c - 2b = 0 \\ 5a + 2b - 5c = -24 \end{cases}$

Resp: **107** a) {(4, 2)}   b) {(−6, 4)}   c) {(−2, 3)}   d) {(3, 2)}   **108** a) $\left\{\left(\frac{1}{2}, \frac{2}{3}\right)\right\}$ b) {(3, 2)}

83

111 Resolver os seguintes sistemas:

Sugestão: Indicar por α as razões iguais, determinar todas as incógnitas em função de α, substituir na outra equação, determinar α e em seguida as incógnitas do sistema.

Obs: Este tipo de sistema pode ser resolvido usando propriedades das proporções.

a) $\begin{cases} \dfrac{x}{2} = \dfrac{y}{3} = \dfrac{z}{5} \\ 2x - 3y + 5z = 40 \end{cases}$

b) $\begin{cases} \dfrac{2x}{3} = \dfrac{3y}{2} = \dfrac{4z}{5} \\ 3x - 2y + z = 53 \end{cases}$

c) $\begin{cases} \dfrac{x-3}{2} = \dfrac{y+7}{3} = \dfrac{z-1}{5} \\ 3x - 5y - 2z = -15 \end{cases}$

d) $\begin{cases} \dfrac{2x-3}{4} = \dfrac{3y-4}{2} = \dfrac{8-3z}{3} \\ 5x - 2y - 3z = \dfrac{17}{2} \end{cases}$

e) $\begin{cases} 2a - 3 = \dfrac{3b-3}{2} = \dfrac{2c+2}{3} = \dfrac{2d-3}{4} \\ 3a - 2b - c + 2d = \dfrac{29}{2} \end{cases}$

112 Resolver os seguintes sistemas:

Sugestão: Somar as equações membro a membro.

a) $\begin{cases} a + b = 5 \\ a + c = 7 \\ b + c = 4 \end{cases}$

b) $\begin{cases} a + b + c = 7 \\ a + b + d = 21 \\ a + c + d = -1 \\ b + c + d = 9 \end{cases}$

113 Resolver o seguinte sistema:

a) $\begin{cases} a + b + c + d = 2 \\ 2a - 3b - 2c + d = -1 \\ 3a + 2b - 3c + 2d = -9 \\ 2a - 4b + 2c - 3d = 20 \end{cases}$

Resp: **109** a){(2, 3, –1)} b) {(–1, 3, –2)} **110** a){(2, 10, 6)} b) {(–3, 2, –1)} c){(3, 0, –3)} d) {(3, –1, 4)}
e) {(–2, 4, 3)} f) {(3, –2, 4)} g) {(0, 3, 6)} **111** a) {(4, 6, 10)} b) {(18, 8, 15)} c) {(9, 2, 16)}
d) $\left\{\left(\frac{7}{2}, 2, \frac{5}{3}\right)\right\}$ e) $\left\{\left(3, 3, \frac{7}{2}, \frac{15}{2}\right)\right\}$ **112** a) {(4, 1, 3)} b) {(3, 13, –9, 5)} **113** {(2, –1, 3, –2)}

85

V PROBLEMAS

Na resolução de problemas com o auxílio de uma equação ou de um sistema de equações, normalmente devemos observar quatro passos:

1) Denominar por a, b, n, x, y, ... os valores desconhecidos (as incógnitas) que queremos determinar

2) Usando estas incógnitas e os dados do enunciado, montamos a equação ou sistema cuja sentença corresponda ao enunciada.

3) Resolvemos a equação ou o sistema obtido

4) Escolhemos para resposta o valor obtido que seja coerente com o enunciado.

Exemplo 1: João e Paulo colecionam selos. A soma do dobro do número de selos de João com o número de selos de Paulo dá 420 e a diferença entre o triplo do que tem Paulo e o número que tem João dá 210. Quantos selos tem cada um deles?

Solução: 1) João tem x e Paulo tem y

2) $\begin{cases} 2x + y = 420 \\ 3y - x = 210 \end{cases}$ ⇒ $\begin{cases} 2x + y = 420 \\ -2x + 6y = 420 \end{cases}$ ⇒ $7y = 2(420)$ ⇒

$y = 2(60)$ ⇒ $\boxed{y = 120}$ ⇒ $2x + 120 = 420$ ⇒ $\boxed{x = 150}$

Responta: João tem 300 selos e Paulo tem 120 selos

Exemplo 2: A soma dos quadrados de 3 números ímpares naturais consecutivos é 155. Determinar esses números.

Solução: 1) Os números são x, x + 2 e x + 4

2) $x^2 + (x+2)^2 + (x+4)^2 = 155$ ⇒

$x^2 + x^2 + 4x + 4 + x^2 + 8x + 16 = 155$ ⇒

$3x^2 + 12x - 135 = 0$ ⇒ $x^2 + 4x - 45 = 0$ ⇒

$(x + 9)(x - 5) = 0$ ⇒ $x = -9$ ou $x = 5$

Como – 9 não é natural, obtemos que o único valor de x que nos interessa é x = 5

Os números são x = 5, x + 2 = 5 + 2 = 7 e x + 4 = 5 + 4 = 9

Responta: 5; 7 e 9

Obs: Se fossem 3 números ímpares consecutivos serveriam também os números – 9, – 7 e – 5.

Exemplo 3: Um retângulo tem 36 cm² de área. Se um dos lados excede o outro em 5 cm, quais as dimensões deste retângulo.

Solução:

1) Um lado mede x e o outro x + 5

2) $x(x+5) = 36 \Rightarrow$

$x^2 + 5x - 36 = 0$

$(x+9)(x-4) \Rightarrow x = -9$ ou $x = 4 \Rightarrow \boxed{x=4}$

$x = 4 \Rightarrow x + 5 = 4 + 5 = 9$

Responta: 4 cm e 9 cm

Exemplo 4: Tio Antônio (Titonho) convidou todos os seus sobrinhos para uma caminhada e no final ia dividir R$ 560,00 entre seus sobrinhos. Como dois sobrinhos não compareceram, isto acarretou em um aumento de R$ 14,00 na parte que caberia a cada um, se todos tivessem comparecido. Quantos sobrinhos tem Titonho?

Solução:

1) O número de sobrinhos é **n**

2) $\dfrac{560}{n-2} = \dfrac{560}{n} + 14$, mmc = n(n-2)

$560n = 560(n-2) + 14n(n-2); \quad 560 : 14 = 40 \Rightarrow$

$40n = 40(n-2) + n^2 - 2n \Rightarrow n^2 - 2n - 80 = 0 \Rightarrow$

$(n-10)(x+8) = 0 \Rightarrow n = 10$ ou $n = -8 \Rightarrow \boxed{n=10}$

Resposta: 10 sobrinhos

Exemplo 5: Quando somamos 5 a cada termo de uma fração, obtemos uma fração equivalente a $\dfrac{4}{5}$ e quando subtraímos 3 de cada termo, obtemos uma equivalnte a $\dfrac{2}{3}$. Determinar esta fração.

Solução: Seja $\dfrac{x}{y}$ a fração. Então: $\dfrac{x+5}{y+5} = \dfrac{4}{5}$ e $\dfrac{x-3}{y-3} = \dfrac{2}{3} \Rightarrow$

$\begin{cases} 5(x+5) = 4(y+5) \\ 3(x-3) = 2(y-3) \end{cases} \Rightarrow \begin{cases} 5x + 25 = 4y + 20 \\ 3x - 9 = 2y - 6 \end{cases} \Rightarrow \begin{cases} 5x - 4y = -5 \\ 3x - 2y = 3 \end{cases} \Rightarrow$

$\Rightarrow \begin{cases} 5x - 4y = -5 \\ -6x + 4y = -6 \end{cases} \Rightarrow -x = -11 \Rightarrow \boxed{x = 11} \Rightarrow 3(11) - 2y = 3 \Rightarrow 2y = 30 \Rightarrow$

$\Rightarrow y = 15 \Rightarrow \dfrac{x}{y} = \dfrac{11}{15} \Rightarrow$

Resposta: $\dfrac{11}{15}$

Indrodução para o próximo exemplo

Em problemas que envolvem movimento de um corpo (objeto, veículo, animal, pessoa) considerar que:

I) A velocidade do corpo, em cada percurso, é constante e positiva.

II) As mudanças de sentido ou velocidade são feitas instantaneamente.

III) Se um barco com velocidade própria x está em um rio cuja correnteza (fluxo de água) tem velocidade y, com x maior que y, a velocidade do barco em relação à margem será x + y quando ele desce e x – y quando ele sobe o rio (descer e subir significam, respectivamente, ir a favor ou contra a corrente).

Relação entre espaço (s), velocidade (v) e tempo (t)

Se um móvel gasta 2 horas para ir de um ponto A até um ponto B de uma estrada, com a distância entre A e B, pela estrada, igual a 50 Km, dizemos que em cada hora ele percorreu 25 km

A razão $\dfrac{50 Km}{2h}$ = 25 km/h é chamada velocidade do móvel neste percurso. Leitura: 25 km por hora

Indicando o espaço percorrido de 50km por **s**, o tempo de 2 horas por **t** e a velocidade de 25 km/h por **v**.

Note que $\dfrac{50 \text{ km}}{2 \text{ horas}}$ = 25 km/h $\Rightarrow$ $\dfrac{s}{t}$ = v $\Rightarrow$ s = vt.

A fórmula usada na resolução de problemas será

$$\boxed{s = vt}$$

Obs.:

1) Se o espaço for medido em km e o tempo em horas (h), a velocidade será em km/h. Leitura: quilômetros por hora.

2) Se o espaço for medido em metros (m) e o tempo em segundos (s), a velocidade será em m/s. Leitura: metros por segundo

3) 1h = 60 min, 1min = 60s $\Rightarrow$ 1h = 3600s $\Rightarrow$ 1s = $\dfrac{1}{3600}$ h

4) 1km = 1000 m, 1km = 10 hm = 100 dam = 1000 m = 10000 dm = ...

   1 m = 10 dm = 100 cm = 1000 mm

   2,345 km = 23,45 hm = 234,5 dam = 2345 m = 23450 dm = ...

   3456 m = 345,6 dam = 34,56 hm = 3,456 km.

Exemplo 6: Usando a fórmula s = vt, resolver:

Obs.: Na equação, colocar apenas os valores numéricos de s, t e v e na resposta colocar a unidade correspondente (km, h, km/h, m, s, m/s), de acordo com o enunciado.

a) Qual é o espaço percorrido por um carro em 3 horas, com a velocidade de 70 km/h?

   Solução: s = vt ⇒ s = 70 · 3 ⇒ s = 210 ⇒ s = 210 km

b) A que velocidade está um trem que percorre 400 km em 8 horas?

   Solução: s = vt ⇒ 400 = v · 8 ⇒ v = 400 : 8 ⇒ v = 50 ⇒ v = 50 km/h

c) Qual o tempo que um ciclista levou para percorrer 50 km a uma velocidade de 20 km/h?

   Solução: s = vt ⇒ 50 = 20 · t ⇒ $t = \frac{5}{2} = 2,5$ ⇒ 2 h, 05 h ⇒ 2 h 30 min

d) Quando um dos maiores corredores dos 100 m faz este percurso em 10 segundos, qual é a sua velocidade em km/h?

   Solução: 1) 100 m = 10 dam = 1 hm = 0,1 km.

   2) 1 h = 60 min. = 60 · 60 s ⇒ 1 h = 3600 s ⇒ $1 s = \frac{1}{3600} h$ ⇒ $10 s = \frac{1}{360} h$

   3) s = vt ⇒ $0,1 km = v \cdot \frac{1}{360} h$ ⇒ v = 360 · 0,1 km/h ⇒ v = 36 km/h

   Resposta: 36 km/h

Exemplo 7: Dois ciclistas partem no mesmo instante e no mesmo sentido de dois postos A e B, com velocidades, respectivamente, de 8 km/h e 5 km/h. Sabendo que o que parte de A vai alcançar o que sai de B, em quanto tempo ele o alcançará?

Solução: Na maioria das vezes é interesssanto esboçar uma figura ilustrando o enunciado

```
       8 km/h              5 km/h
        →                    →
   A •──────────────────────•────────────────────•
     |←──────── 18 km ─────→|B                    P
```

Sendo P o ponto no qual o que parte A vai alcançar o outro, como s = vt, temos:

AP = 8 · t   e   BP = 5t   e   AP = BP + 18, obtemos:

8t = 5t + 18 ⇒ 3t = 18 ⇒ t = 6 ⇒ t = 6 horas

Resposta: em 6 horas

90

Exemplo 8: A distância entre duas cidades A e B é de 310 km. Um ciclista parte de B, com velocidade de 15 km/h, em direção a A e outro parte de A, duas horas mais tarde, com velocidade de 20 km/h, em direção a B. Determinar:

a) Depois de quando tempo, que o mais lento iniciou a viagem, dar - se - á o encontro?

b) A que distância de A isto ocorrerá?

Solução:

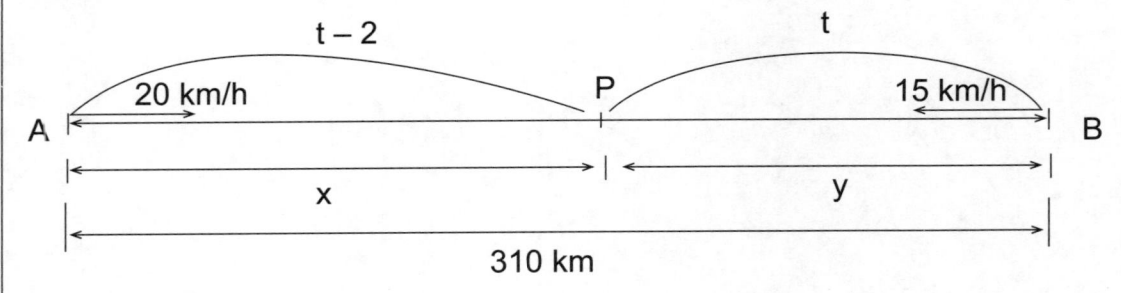

1) Sendo **t** o número de horas que gasta, o que sai de B, até o encontro em P, note que o que sai de A vai gastar (t – 2) horas para ir de A até P. Fazendo AP = x, BP = y, note que x + y = 310.

2) x = 20 (t – 2) e y = 15(t). Então

   20 (t – 2) + 15t = 310 ⇒ 20t – 40 + 15t = 310 ⇒ 35t = 350 ⇒

   ⇒ t = 10 ⇒ 10 horas

3) x = 20 (t – 2), t = 10 ⇒ x = 20 (10 – 2) ⇒ x = 160

Resposta: a) 10 horas b) 160 km

Exemplo 9: Um grupo de ciclistas acompanhado de uma moto seguem por uma estrada a 20 km/h. O motociclista recebe uma ordem de ir a 60 km/h até um posto distante 240 km de onde estão, no mesmo sentido, e voltar para encontrar os ciclistas, que iam continuar a 20 km/h, no mesmo sentido. Quanto tempo o motociclista gastará desde que parte até reencontrar o grupo?

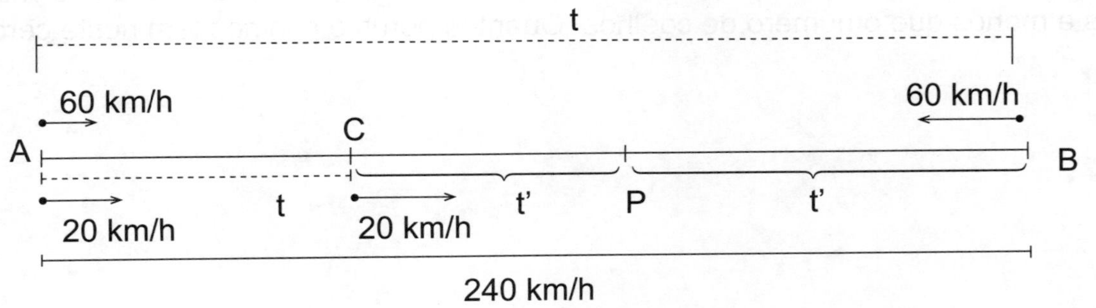

1) 240 = 60 t ⇒ t = 4 ⇒ AC = 20(4) ⇒ AC = 80 km.

2) 20 t' + 60 t' = 240 – 80 ⇒ 80t' = 160 ⇒ t' = 2h ⇒ t + t' = 2 + 4 = 6 horas

Resposta: 6 horas

114 Resolver os seguintes problemas:

a) Cláudia e Renata colecionam gibis. O dobro do que tem Cláudia, somado com o que tem Renata, dá 250 e o triplo do que tem Cláudia, menos o que tem Renata, dá 200. Quantos gibis tem cada uma?

b) A soma do dobro de um número com um menor dá 178 e a divisão do maior pelo menor da quociente 2 e deixa resto 9. Determinar esses números.

c) Em um cercado de uma chácara há perus e coelhos, num total de 330 pernas. Sabe-se que se dividirmos o dobro do número de perus pelo de coelhos, o quociente será 5 e o resto será 20 unidades a menos que o número de coelhos. Quantos perus o coelhos tem neste cercado?

115 Resolver:

a) Daqui a 14 anos a idade de um pai será o dobro da idade de seu filhos e há 10 anos a soma das idades deles era 30 anos. Quais são as idades deles?

b) Um número é formado por dois algarismos e o dobro do algarismo das unidades excede o algarismo das dezenas em uma unidade. Invertendo-se a ordem dos algarismos, o dobro do número obtido excede o original em 20 unidades. Determinar esses números.

c) Em um número de dois algarismos, um excede o outro em 5. Escrevendo em ordem inversa, o número obtido fica $\frac{3}{8}$ do original. Determine - o

116 Resolver:

a) A soma dos quadrados de três números pares positivos consecutivos é 440. Determinar esses números.

---

b) Tio Fernando (Tinando) ia dividir R$ 1200,00 entre seus sobrinhos. Na hora da divisão 2 sobrinhos abriram mão de suas partes, ocasionando um aumento de R$ 100,00 na parte de cada um dos restantes. Quantos sobrinhos tem Tinando?

---

c) Sérgio é 5 anos mais velhos que Célia e há 30 anos, a soma dos quadrados das idades deles era 325 anos. Quais as idades deles hoje?

117 Resolver:

a) Três números naturais são múltiplos consecutivos de 5. Se a soma do produto do menor pelo maior com o quadrado do outro é 425, quais são eles?

b) O número de pontos que Maria tirou em uma prova é uma número de dois algarismos. Somando-se este número com o número obtido quando a ordem dos algarismos é invertida é 132. E divindo o original pelo com a ordem invertida obtém-se quociente 2 e resto 15. Qual foi a nota de Maria na prova?

c) Um retângulo tem 24 cm de perímetro e 32 cm² de área. Determinar as dimensões deste retângulo.

Resp: **114** a) Cláudia tem 90 e Renata tem 70   b) 73 e 32   c) 95 perus e 35 coelhos
115 a) O pai tem 38 anos e o filho 12 anos   b) 74   c) 72

118 Resolver:

a) A que velocidade deve estar um carro para percorrer 240 km em 3 horas?

b) Qual é a velocidade de um veículo que percorre 300 m em 4 s?

c) A 60 km/h, quanto tempo um automóvel leva para percorrer 180 km?

d) Quanto tempo um veículo leva para percorrer 1500 m a 50 m/s.

e) Qual é o espaço percorrido por um veículo em 3 h a 78 km/h?

f) Qual é o espaço percorrido por um veículo em 31 s a 27 m/s?

g) Que espaço percorreu um ciclista em 2,5 h a 30 km/h?

h) Um automóvel gasta 3 horas para fazer a 100 km/h, uma viagem. Quanto tempo ele gastaria a 60 km/h?

i) Para percorrer 375 km um carro gasta 5 horas. Quantas horas ele gasta para percorrer, com a mesma velocidade, 225 km?

119 Resolver:

a) Viajando a 70 km/h um veículo gasta 6 horas para chegar ao seu destino. Qual deve ser a sua velocidade para fazer a viagem em 5 horas?

b) Um carro percorre 360 km a 60 km/h. Qual velocidade deve ser imposta ao carro para ele percorrer no mesmo tempo 420 km?

c) Para percorrer 540 km um veículo gasta 9 horas. Com a mesma velocidade, quantos quilômetros ele percorrerá em 4 horas?

d) Um motociclista faz uma viagem de 384 km a 64 km/h. No mesmo tempo, a 55 km/h, quantos quilômetros ele percorrerá?

e) Duas pessoas partem no mesmo instante e sentido de dois pontos A e B sobre uma estrada, onde AB = 15 km, com velocidade de 7 km/h e 4 km/h. Sabendo que um alcançará o outro, depois de quanto tempo isto ocorrerá.

Resp: **116** a) 10, 12 e 14   b) 6 sobrinhos   c) Sérgiio tem 45 anos e Célia tem 40 anos
  117 a) 10, 15 e 20   b) A nota foi 93   c) 4 cm e 8 cm

120 Resolver:

a) Dois motoclistas partem no mesmo instante de dois pontos A e B de uma estrada, no sentido de A para B, com AB = 80 km, com velocidades de 100 km/h e 80 km/h. Se um encontra o outro, a que distância de B dar-se-á o encontro, se de B sai o mais lento?

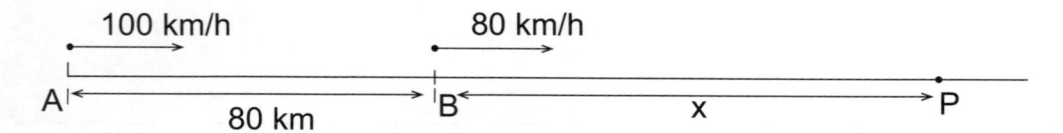

b) A distância entre dois pontos A e B de uma estrada é 165 km. Um ciclista parte de A em direção a B a 25 km/h, e três horas mais tarde parte outro de B, em direção a A, a 20 km/h. Depois de quanto tempo eles se encontrarão? A que distância de A dar-se-á o encontro?

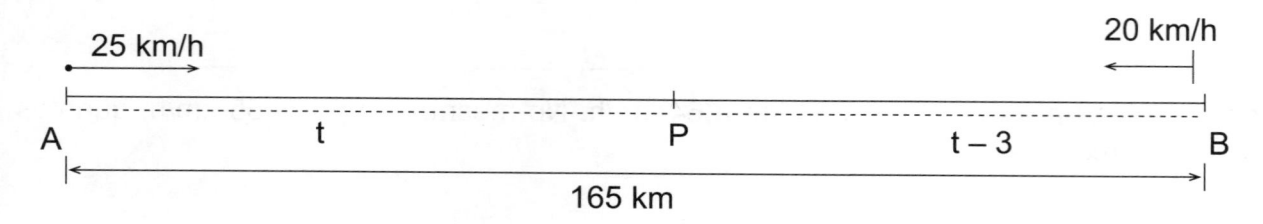

c) As águas de um rio tem a velocidade de 4 km/h e um barco com velocidade própria de 20 km/h sai de um ponto A do rio e desce até um ponto B, com AB = 96 km e sobe de volta até A.
Quanto tempo ele gastou para ir e voltar?

121 Resolver:

a) Dois postos A e B estão nas margens de um rio, com AB = 110 km. Um barco com velocidade própria de 16 km/h desce de A até B e volta de B até A em 16 horas. Qual é a velocidade das águas do rio?

---

b) Um barco com velocidade própria de 20 km/h percorre rio abaixo em $\frac{3}{5}$ do tempo que leva para percorrer a mesma distância rio acima. Qual é a velocidade da correnteza do rio?

Resp: **118** a) 80 km/h   b) 75 m/s   c) 3 horas   d) 30 s   e) 234 km   f) 837 m   g) 75 km
h) 5 horas   i) 3 horas   **119** a) 84 km/h   b) 70 km/h   c) 240 km   d) 330 km   e) 5 horas

122 Resolver:

a) Numa árvore pousam pássaros. Se pousarem 4 pássaros em cada galho, ficam 2 galhos sem pássaros. Se pousarem 3 pássaros em cada galho, ficam 3 pássaros sem galhos. Qual é o número de pássaros?

---

b) Uma lebre da 4 saltos, enquanto que um galgo da 3 saltos, mas 2 saltos de galgo equivalem a 3 de lebre. Estando a lebre adiantada 50 saltos, quantos saltos precisa dar o galgo par alcançá-la?

---

c) Ao dividir 400 balas entre um número de crianças, uma pessoa verificou que se houvesse 5 crianças a menos, cada uma receberia 4 balas a mais. Qual é o número de crianças?

VI EXERCÍCIOS DE FIXAÇÃO

123 Fatorar as seguintes expressões:

a) $am + an$

b) $a^2 + a =$

c) $4x^2 + 14x =$

d) $26x^3 - 39xy =$

e) $m^2 - n^2 =$

f) $4x^2 - 121 =$

g) $16x^6 - y^2 =$

h) $9 - 169a^2 =$

i) $m^2 + 2mn + n^2 =$

j) $m^2 - 2mn + n^2 =$

k) $4x^2 - 20xy + 25y^2 =$

l) $49 + 56x + 16x^2 =$

m) $2x^3y + 2x^2y + 2xy^2 =$

n) $9x^2y^2 - 30xy + 25 =$

o) $4x^2y^2 - 25 =$

p) $6a^3 - 9a^2b - 3a^2 =$

q) $1 + 22x^2y + 121x^4y^2 =$

r) $441x^2 - 361 =$

124 Fatorar:

a) $16x^4 - 81 =$

b) $12a^4 - 27a^2 =$

c) $12a^4b + 16a^3b^2 + 4a^2b^3 =$

d) $16a^4 - 72a^2n^2 + 81n^4 =$

e) $12x^3 - 36x^2y + 27xy^2 =$

f) $625x^4 - 81y^4 =$

g) $36x^4 - 225x^2y^2 =$

h) $36a^5 + 120a^4 + 100a^3 =$

Resp: 120 a) 320 km b) 5h; 125 km c) 10 h **121** a) 6 km/h b) 5 km/h

125 Fatorar as seguintes expressões:

a) $x^2 + 9x + 20 =$

b) $x^2 - 3x - 10 =$

c) $x^2 + 9xa + 20a^2 =$

d) $x^2 - 3nx - 10n^2 =$

e) $x^2 - x - 20 =$

f) $y^2 + 2y - 24 =$

g) $x^2 - ax - 20a^2 =$

h) $y^2 + 2ay - 24a^2 =$

i) $y^2 + 36y - 160 =$

j) $y^2 - 36ay - 160y^2 =$

k) $ax + an + bx + bn =$

l) $ay - an - by + bn =$

m) $6x^2 - 2xy - 9x + 3y =$

n) $8x^2 - 4ax - 6xy + 3ay =$

o) $6x^3 - 18x^2 - 10x^2y + 30xy =$

p) $12x^3y - 12x^2y^2 - 9x^2y - 9xy^2 =$

q) $24x^4 - 6x^2y^2 - 60x^3 + 15xy^2 =$

r) $4x^4 + 2ax^3 - 4x^3 - 2ax^2 - 168x^2 - 84ax =$

126 Fatorar:

a) $a^3 + b^3 =$

b) $x^3 - y^3 =$

c) $8x^3 - 27 =$

d) $a^3 + 64 =$

e) $x^3 + 3x^2y + 3xy^2 + y^3 =$

f) $a^3 - 3a^2b + 3ab^2 - b^3 =$

g) $x^3 - 6x^2 + 12x - 8 =$

h) $x^3 - 9x^2 + 27x - 27 =$

i) $3x^4 - 81xy^3 =$

j) $16x^4 - 24x^3y + 12x^2y^2 - 2xy^3 =$

k) $108x^5 + 108x^4y + 36x^3y^2 + 4x^2y^3 =$

l) $40x^4y + 135xy^4 =$

m) $x^6 - 1 =$

n) $x^6 + 16x^3 + 64 =$

o) $2x^7 - 128xy^6 =$

p) $256x^7y + 64x^4y^4 + 4xy^7 =$

Resp: **122** a) 36 pássaros b) 300 saltos c) 25 crianças   **123** a) $a(m+n)$ b) $a(a+1)$ c) $2x(2x+7)$
d) $13x^2(2x-3y)$ e) $(m+n)(m-n)$ f) $(2x+11)(2x-11)$ g) $(4x^3+y)(4x^3-y)$ h) $(3+13a)(3-13a)$
i) $(m+n)^2$ j) $(m-n)^2$ k) $(2x-5y)^2$ l) $(7+4x)^2$ m) $2xy(x^2+x+y)$ n) $(3xy-5)^2$
o) $(2xy+5)(2xy-5)$ p) $3a^2(2a-3b-1)$ q) $(1+11x^2y)^2$ r) $(21x+19)(21x-19)$ **124** a) $(4x^2+9)(2x+3)(2x-3)$
b) $3a^2(2a+3)(2a-3)$ c) $4a^2(2a+b)^2$ d) $(2a+3n)^2(2a-3n)^2$ e) $3x(2x-3y)^2$ f) $(25x^2+9y^2)(5x+3y)(5x-3y)$
g) $9x^2(2x+5y)(2x-5y)$ h) $4a^3(3a+5)^2$

103

127 Fatorar as expressões, nos casos:

a) $x^2 + 2xy + y^2 - 25 =$

b) $4a^2 - b^2 - 12a + 9 =$

c) $27x^5 - 27x^4 - 810x^3 - x^2y^3 + xy^3 + 30y^3 =$

d) $4x^5 - 24x^4 + 48x^3 - 32x^2 - 9x^3y^2 + 54x^2y^2 - 108xy^2 + 72y^2 =$

e) $2x^2y - 14xy^2 - 36y^3 - 3x^2 + 21xy - 54y^2 =$

f) $4x^2y^2 - 16x^3y - 180x^4 - 9y^2 + 36xy + 225x^2 =$

g) $x^5 - 5x^4 - 36x^3 - x^2 + 5x + 36 =$

128 Resolver:

a) Determinar o valor de $25345^2 - 25343^2$.

b) Determinar o valor de $x = a^2 - b^2$ para $a = 5685$ e $b = 5680$.

c) Determinar o valor de $a = 4x^2 - 12y + 9y^2$ para $x = 172$ e $y = 113$.

d) Determinar o valor de $n = 6ax - 4bx - 3ay + 2by$ para $x = 97$, $y = 191$, $a = 143$ e $b = 199$.

e) Determinar o valor de $x = 15ab - 5b^2 - 21a + 7b$ para $a = 217$ e $b = 651$.

f) Determinar $a = 25x^2 - 30xy + 9y^2$ para $x = 57$ e $y = 101$.

Resp: **125** a) $(x + 4)(x + 5)$ b) $(x - 5)(x + 2)$ c) $(x + 4a)(x + 5a)$ d) $(x - 5n)(x + 2n)$ e) $(x - 5)(x + 4)$ f) $(y + 6)(y - 4)$
g) $(x - 5a)(x + 4a)$ h) $(y + 6a)(y - 4a)$ i) $(y + 40)(y - 4)$ j) $(y - 40a)(y + 4a)$ k) $(x + n)(a + b)$ l) $(y - n)(a - b)$
m) $(3x - y)(2x - 3)$ n) $(2x - a)(4x - 3y)$ o) $2x(x - 3)(3x - 5y)$ p) $3xy(x - y)(4x - 3)$ q) $3x(2x + y)(2x - y)(2x - 5)$
r) $2x(2x - a)(x - 7)(x + 6)$ **126** a) $(a + b)(a^2 - ab + b^2)$ b) $(x - y)(x^2 + xy + y^2)$ c) $(2x - 3)(4x^2 + 6x + 9)$
d) $(a + 4)(a^2 - 4a + 16)$ e) $(x + y)^3$ f) $(a - b)^3$ g) $(x - 2)^3$ h) $(x - 3)^3$ i) $3x(x - 3y)(x^2 + 3xy + 9y^2)$
j) $2x(2x - y)^3$ k) $4x(3x + y)^3$ l) $5xy(2x + 3y)(4x^2 - 6xy + 9y^2)$ m) $(x + 1)(x^2 - x + 1)(x - 1)(x^2 + x + 1)$
n) $(x + 2)^2(x^2 - 2x + 4)^2$ o) $2x(x + 2y)(x^2 - 2xy + 4y^2)(x - 2y)(x^2 + 2xy + 4y^2)$ p) $4xy(2x + y)^2(4x^2 - 2xy + y^2)^2$

129 Resolver:

a) Determinar o valor de $a = x^3 - 3x^2y + 3xy^2 - y^3$ para $x = 142$ e $y = 137$.

b) Determinar o valor de $a = 27x^3 - 54x^2y + 36xy^2 - 8y^3$ para $x = 37$ e $y = 52$.

130 Determinar a constante k que devemos somar ao trinômio dado para que o trinômio obtido seja um quadrado perfeito, nos casos:

a) $x^2 + 10x + 10$

b) $4x^2 - 12x + 51$

131 Determinar a constante k que devemos somar ao polinômio dado para que o polinômio obtido seja um cubo perfeito, nos casos:

a) $x^3 + 15x^2 + 75x + 90$

b) $8x^3 - 36x^2 + 54x + 27$

132 Determinar o valor de $a = 4x^2 - 20x + 80 - 10872^2$ para $x = 5439$.

133 Simplificar as seguintes frações:

a) $\dfrac{36x^3y + 24x^2y^2}{18x^4 - 8x^2y^2}$

b) $\dfrac{4x^2 - 20xy + 25y^2}{8x^2y - 20xy^2}$

c) $\dfrac{x^2 + 2x - 35}{x^3 - 125}$

d) $\dfrac{x^3 + 9x^2y + 27xy^2 + 27y^3}{x^2 + 6xy + 9y^2}$

e) $\dfrac{15x^2 - 5xy - 12x + 4y}{10x^2 - 8x + 15xy - 12y}$

f) $\dfrac{8x^3 + 20x^2 + 50x - 12x^2y - 30xy - 75y}{16x^4 - 250x - 24x^3y + 375y}$

Resp: **127** a) $(x + y + 5)(x + y - 5)$ b) $(2a - 3 + b)(2a - 3 - b)$ c) $(x - 6)(x + 5)(3x - y)(9x^2 + 3xy + y^2)$ d) $(x - 2)^3(2x + 3y)(2x - 3y)$
e) $(x - 9y)(x + 2y)(2y - 3)$ f) $(2x + 3)(2x - 3)(y - 9x)(y + 5x)$ g) $(x - 9)(x + 4)(x - 1)(x^2 + x + 1)$ **128** a) 101376
b) 56825   c) 25   d) 93   e) 0   f) 324

107

134 Resolver as seguintes equações:

a) $x^2 - 4 = 0$

b) $4x^2 - 25 = 0$

c) $49x^2 - 1 = 0$

d) $x^2 - 14x + 49 = 0$

e) $4x^2 - 4x + 1 = 0$

f) $9x^2 - 30x + 25 = 0$

g) $x^2 - 7x + 10 = 0$

h) $x^2 - 7x - 18 = 0$

i) $x^2 + x - 56 = 0$

j) $1 - 7x + 12x^2 = 0$

k) $1 - 4x - 21x^2 = 0$

l) $1 - x - 72x^2 = 0$

m) $x^2 - 63x + 30 \cdot 33 = 0$

n) $x^2 - 4x - 43 \cdot 39 = 0$

o) $x^2 + 7x - 56 \cdot 63 = 0$

p) $x^4 - 13x^2 + 36 = 0$

q) $x^4 - 22x^2 - 75 = 0$

r) $x^3 + 2x^2 - 9x - 18 = 0$

s) $x^3 - 3x^2 + 9x - 27 = 0$

135 Sabe-se que $x^2 \pm ax + a^2 = 0$ não tem raízes reais e que $ax^2 + b = 0$, com $ab > 0$, também não tem raízes reais. Assim sendo, resolver as equações:

a) $x^4 - 81 = 0$

b) $x^3 - 125 = 0$

c) $x^{12} - 3x^8 + 3x^4 - 1 = 0$

d) $4x^5 + x^3 + 108x^2 + 27 = 0$

e) $x^5 - 4x^3 - 27x^2 + 108 = 0$

f) $16x^6 - 16x^5 - 896x^4 - x^2 + x + 56 = 0$

g) $x^7 - 5x^6 - 9x^5 + 45x^4 - x^3 + 5x^2 + 9x - 45 = 0$

Resp: **129** a) $a = 125$ b) $a = 343$ **130** a) $k = 15$ b) $k = -42$ **131** a) $k = 35$ b) $k = -54$ **132** 21800

133 a) $\dfrac{6y}{3x - 2y}$ b) $\dfrac{2x - 5y}{4xy}$ c) $\dfrac{x + 7}{x^2 + 5x + 25}$ d) $x + 3y$ e) $\dfrac{3x - y}{2x + 3y}$ f) $\dfrac{1}{2x - 5}$

136 Resolver as seguintes equações:

a) $\dfrac{2x^2 - 3x}{x^2 - 9} - \dfrac{x-2}{x-3} = \dfrac{x+2}{x+3}$

b) $\dfrac{x-4}{x-2} - \dfrac{x-1}{x+2} = \dfrac{2x-12}{x^2-4}$

c) $\dfrac{2(x-2)}{x+3} = \dfrac{x+1}{x-3} - \dfrac{11x-19}{x^2-9}$

d) $\dfrac{3x-2}{x-1} - \dfrac{2x-3}{x+1} = \dfrac{2}{x^2-1}$

e) $\dfrac{x+3}{2x-4} - \dfrac{x-5}{2-x} = \dfrac{x^2-8}{x^2-4x+4}$

f) $\dfrac{x+4}{4-x} = \dfrac{x-1}{x+1} - \dfrac{3x^2-2x+5}{x^2-3x-4}$

110

137 Simplificar as seguintes expressões:

a) $\dfrac{x^2 + 10x + 21}{x^2 + 6x - 7} + \dfrac{x^3 + x^2y + 5x + 5y}{x^3 + x^2y - x - y} - \dfrac{x^2 - 4x + 4}{x^2 - x - 2}$

b) $\dfrac{4xy - 2y^2 - 2ax + ay}{2xy + 2y^2 - ax - ay} - \dfrac{6x^2 - 4xy - 3ax + 2ay}{2x^2 - ax - 2xy + ay} + \dfrac{9x^3y^2 - 9x^2y^3 - 6x^4y}{3x^2y^3 - 3x^4y}$

138 Simplificar as seguintes expressões:

a) $\left(\dfrac{x+1}{x-1} + \dfrac{x-1}{x+1} - \dfrac{x^2 - 3x}{x^2 - 1} \right) \cdot \left(\dfrac{x+2}{x-3} - \dfrac{x-3}{x+2} + \dfrac{x^2 - 12x + 6}{x^2 - x - 6} \right)$

b) $\left(\dfrac{x-1}{x^2 - 5x + 6} - \dfrac{x-3}{x^2 - 3x + 2} - \dfrac{x-2}{x^2 - 4x + 3} \right) \cdot \left(\dfrac{2 - x^2}{x - 6} - \dfrac{10 + 5x - 9x^2}{x^2 - x - 30} \right)$

139 Simplificar as seguintes expressões:

a) $\left(\dfrac{x-1}{x+4} - \dfrac{12 - 3x - x^2}{x^2 + 2x - 8} - \dfrac{x+1}{x-2} \right) : \left(\dfrac{x-3}{x+3} + \dfrac{x+2}{x-2} - \dfrac{x^2 - 9x - 2}{x^2 + x - 6} \right)$

b) $\left[\left(\dfrac{x-1}{x+2} + \dfrac{2x^2 + 10x - 6}{x^2 - 4} + \dfrac{2x}{2-x} \right) : \left(\dfrac{2x^2 + 3x - 25}{x^2 + 2x - 15} + \dfrac{x-1}{3-x} \right) \right] : \left(\dfrac{2x+3}{x-2} + \dfrac{11 + 9x - 2x^2}{4 - x^2} - \dfrac{3x}{x+2} \right)$

140 Determinar o valor numérico da expressão dada, nos casos:

a) $\dfrac{a^2 + ac}{a^2c - c^3} - \dfrac{a^2 - c^2}{a^2c + 2ac^2 + c^3} + \dfrac{2c}{c^2 - a^2} - \dfrac{3}{a+c}$, para $a = \dfrac{21}{31}, b = \dfrac{31}{21}$

b) $\left(\dfrac{1}{x^2 - 3x + 2} + \dfrac{1}{x^2 - x - 2} + \dfrac{2}{x^2 - 1} \right) : \left(\dfrac{2x - 2}{x+4} - \dfrac{x^2 - 13x - 8}{x^2 + 2x - 8} \right)$, para $x = \dfrac{3}{5}$

c) $\left(\dfrac{x-1}{x^2 - 4} - \dfrac{x+1}{x^2 - 4x + 4} + \dfrac{2}{x^2 + 4x + 4} \right) : \left(\dfrac{x+2}{x-2} - \dfrac{4x^2 + 21x - 14}{4 - x^2} \right)$, para $x = 6$

141 Determine o valor numérico da expressão dada, nos casos:

a) $\dfrac{a^2x^2 - x^2 - 5a^2 + 5}{(ax+1)^2 - (a+x)^2} + \dfrac{a^2x^2 + a^2x + abx + ab}{a^2x^2 - a^2x + abx - ab} - \dfrac{x-1}{x+1}$, para $x = -\dfrac{1}{3}$

b) $\left(\dfrac{x}{x^2 + 5x + 6} + \dfrac{15}{x^2 + 9x + 14} - \dfrac{12}{x^2 + 10x + 21} \right) : \left(\dfrac{x+3}{x+2} + \dfrac{x+3}{3-x} + \dfrac{7x + 10}{x^2 - x - 6} \right)$, para $x = \dfrac{7}{3}$

142 Determinar o valor numérico da expressão dada, nos casos:

a) $\dfrac{b-c}{(a-b)(a-c)} - \dfrac{c-a}{(b-a)(b-c)} + \dfrac{a-b}{(c-a)(c-b)}$, para $a = -\dfrac{5}{8}$, $b = \dfrac{17}{23}$, $c = \dfrac{5}{6}$

b) $\dfrac{bc}{(a-b)(a-c)} + \dfrac{ac}{(b-a)(b-c)} + \dfrac{ab}{(c-a)(c-b)}$, para $a = \dfrac{5}{7}$, $b = \dfrac{13}{19}$, $c = \dfrac{23}{29}$

Resp: **134** a) $\{\pm 2\}$ b) $\left\{\pm \dfrac{5}{2}\right\}$ c) $\left\{\pm \dfrac{1}{7}\right\}$ d) $\{7\}$ e) $\left\{\dfrac{1}{2}\right\}$ f) $\left\{\dfrac{5}{3}\right\}$ g) $\{2, 5\}$ h) $\{-2, 9\}$

i) $\{-8, 7\}$ j) $\left\{\dfrac{1}{4}, \dfrac{1}{3}\right\}$ k) $\left\{\dfrac{1}{7}, -\dfrac{1}{3}\right\}$ l) $\left\{\dfrac{1}{9}, -\dfrac{1}{8}\right\}$ m) $\{30, 33\}$ n) $\{-39, 43\}$ o) $\{-63, 56\}$ p) $\{\pm 2, \pm 3\}$

q) $\{\pm 5\}$ r) $\{-2, \pm 3\}$ s) $\{3\}$ **135** a) $\{\pm 3\}$ b) $\{5\}$ c) $\{\pm 1\}$ d) $\{-3\}$ e) $\{3, \pm 2\}$

f) $\left\{7; 8, \pm \dfrac{1}{2}\right\}$ f) $\{5, \pm 1, \pm 3\}$

143 Resolver as seguintes equações:

a) $\dfrac{x+2}{x-2} - \dfrac{x+3}{x^2+2x-8} - \dfrac{x-2}{x+2} = \dfrac{x-3}{x^2+6x+8} - \dfrac{(x^2+4)(x-2)-45x-16}{x^3+4x^2-4x-16}$

b) $\dfrac{x^3+8x-26}{x^2-5x+6} + \dfrac{x}{2-x} - \dfrac{3}{3-x} = x$

c) $\dfrac{31-10x-4x^2}{x^2-3x-10} - \dfrac{x-3}{5-x} - \dfrac{2x-1}{x+2} = \dfrac{x^2-4}{x-5}$

144 Resolver as seguintes equações:

a) $\dfrac{x+3}{x^2-2x} - \dfrac{x-1}{x^2+2x} - \dfrac{x+1}{2-x} - \dfrac{x-2}{x+2} = \dfrac{74-15x}{x^3-4x}$

b) $\dfrac{x^2+1}{x^2-1} + \dfrac{x^2+x-1}{x^3-x^2+x-1} - \dfrac{x^2-x+1}{x^3+x^2+x+1} = \dfrac{x(10+10x-3x^2)+1}{x^4-1}$

c) $\dfrac{3x+3}{x^2-1} - \dfrac{x^2(x^2+4x+5)}{x^3+3x^2-x-3} = \dfrac{x^2-2}{1-x} - \dfrac{x-1}{x^2+4x+3} - \dfrac{x-3}{x^2+2x-3}$

145 Simplificar as se seguintes expressões:

a) $\dfrac{\dfrac{1}{1+x} + \dfrac{x}{1-x}}{\dfrac{1}{1-x} - \dfrac{x}{1+x}}$

b) $\dfrac{\dfrac{a-b}{1+ab} + \dfrac{b-c}{1+bc}}{1 - \dfrac{(a-b)(b-c)}{(1+ab)(1+bc)}}$

c) $\dfrac{\dfrac{a+b}{a-b} - \dfrac{a-b}{a+b}}{1 - \dfrac{a^2+b^2}{(a+b)^2}}$

d) $\dfrac{\dfrac{x-y}{y-a} - \dfrac{y-a}{x-y}}{\dfrac{x-y-1}{x-y} - \dfrac{y-a-1}{y-a}}$

e) $\dfrac{1}{a - \dfrac{a^2-1}{a + \dfrac{1}{a-1}}}$

f) $\dfrac{a-x}{a^2 - ax - \dfrac{(a-x)^2}{1-\dfrac{a}{x}}}$

146 Resolver sem fazer a discussão, a equação, nos casos:

a) $\dfrac{x}{ab} - \dfrac{a-x}{a^2+ab} = \dfrac{b-x}{ab+b^2}$

b) $\dfrac{a+b}{x} - \dfrac{2b}{a-b} = 2 - \dfrac{a-b}{x}$

c) $\dfrac{x+a}{a+1} - \dfrac{x-a}{a-1} = \dfrac{4x-4a^2}{1-a^2}$

d) $\dfrac{2a+x}{2b-x} - \dfrac{2a-x}{2b+x} = \dfrac{4ab}{4b^2-x^2}$

e) $\dfrac{2x+a}{x+3a} + \dfrac{3x^2-22a^2}{x^2-9a^2} = 5$

f) $\dfrac{x-a+1}{x-a} - \dfrac{x-a}{x-a-1} = \dfrac{x-b+1}{x-b} - \dfrac{x-b}{x-b-1}$

112

147 Resolver os seguintes problemas:

a) O quadrado de um número é igual à soma deste número com 6. Ache este número.

b) O quádruplo da soma de um número com 3 é igual ao quadrado deste número. Determine-o.

c) A soma dos quadrados de 3 números inteiros consecutivos é 365. Determine-os.

d) Dividir 20 em duas parcelas tais que o seu produto seja 96.

e) Decompor 56 em dois fatores tais que a soma seja 18.

148 Resolver os problemas:

a) Se do quadrado de um número tiramos o seu quíntuplo, obtemos 84. Determinar este número.

b) A soma dos quadrados de três números ímpares consecutivos é 515, determine-os.

c) Um homem caminhou 300 km. Sabe-se que se ele caminhasse 5 km a mais por dia, teria gasto 2 dias a menos. Quantos dias ele gastou para caminhar os 300 km?

d) Danilo percorreu 164 km em 10 horas, a pé e de bicleta. Se ele percorreu 24 km a pé e, de bicleta, ele faz 12 km/h a mais do que a pé, qual a sua velocidade quando está de bicleta?

e) Um grupo de pessoas tem que pagar uma conta de R$ 72.000,00. Se houvesse 3 pessoas a menos, cada uma deveria pagar R$ 4.000,00 a mais. Quantas pessoas há?

149 Resolver:

a) A soma dos quadrados dos algarismos de um número de dois algarismos é 10. Subtraindo 18 do número original obtemos um número escrito com os mesmos algarismos, mas em ordem inversa. Determinar este número.

b) Determinar um número de dois algarismos que é igual a 4 vezes a soma dos algarismos e é igual a 3 vezes o produto dos algarismos.

150 Resolver:

a) Há 18 anos a idade de uma pessoa era o duplo de uma outra; em 9 anos a idade da 1ª pessoa passou a ser $\frac{5}{4}$ da 2ª. Que idade tem as duas atualmente?

b) Um pai diz ao filho: Hoje a sua idade é $\frac{2}{7}$ da minha; há 5 anos era $\frac{1}{6}$. Qual a idade do pai e a do filho?

c) Achar um número de dois algarismos, sabendo-se que, 4 vezes o algarismo das dezenas menos o das unidades é igual a 5; e sabendo-se que invertendo a ordem dos algarismos obtém-se um outro número que excede o número procurado de 36.

d) Determinar dois números sabendo-se que o dobro da sua diferença é 2 e que o quádruplo do inverso de sua soma é 6.

e) Qual a fração que iguala a $\frac{2}{3}$, acrescentando-se 1 a cada termo, e vem a ser $\frac{1}{2}$, subtraindo-se 1 de cada termo.

Resp: **136** a) {4} b) ∅ c) {−2, 5} d) {−7} e) {3, 10} f) {3} **137** a) $\frac{x+6}{x-1}$ b) $\frac{x-6y}{x+y}$

138 a) $\frac{x-1}{x-3}$ b) $\frac{x}{x+5}$ **139** a) $\frac{x^2-4x-21}{x^2+11x+28}$ b) $\frac{x-3}{x-5}$ **140** a) 0 b) $\frac{25}{36}$ c) $-\frac{1}{40}$

141 a) 7 b) 2 **142** a) $\frac{48}{35}$ b) 1

113

151 Resolver:

a) De uma cidade parte um automóvel com a velocidade de 60 km/h. Dez minutos após parte um segundo automóvel que faz 80 km/h. Depois de quanto tempo o segundo automóvel encontrará o primeiro?

b) Da estação A parte um trem com a velocidade de 48 km/h no mesmo instante parte da estação B, que está na mesma linha a 27 km à frente, e seguindo a mesma direção, um outro trem com a velocidade de 42 km/h. Após quanto tempo se encontrarão?

c) De duas cidades A e B, distantes uma da outra de 360 km, partem simultaneamente dois trens de carga que se deslocam em sentidos contrários. O que parte de A tem a velocidade de 10 km/h e o que parte de B tem a velocidade de 8 km/h. A que distância de A vão passar um pelo outro?

d) Um segmento de reta AB mede 1260 m. De A parte para B um móvel com a velocidade de 10 m/min.. Seis minutos depois parte de B para A outro móvel com a velocidade de 6 m/min.. Calcule a distância de B ao ponto de encontro dos dois móveis.

e) Um bote tem uma velocidade de 25 km/h e pode navegar certa distância, rio abaixo, em $\frac{2}{3}$ do tempo que leva para navegar a mesma distância rio acima. Qual a velocidade da correnteza do rio?

f) A velocidade da correnteza de um rio é de 2 km/h. O tempo que um barco gasta para percorrer 28 km a favor da correnteza (rio abaixo) é o mesmo que o bote leva para percorrer 20 km contra a correnteza (rio acima). Qual a velocidade do barco?

152 Resolver:

a) Duas torneiras enchem um tanque em 15 minutos. Se abrirmos a 2ª torneira 5 minutos depois da 1ª, o tanque será cheio em 18 minutos. Quanto tempo levará cada torneira para encher o tanque?

b) Uma raposa está adiantada de 40 pulos sobre um cão que a persegue. Enquanto o cão dá 4 pulos, a raposa dá 5; mas 3 pulos de cão valem 5 pulos da raposa. Quantos pulos dará o cão para alcançar a raposa?

c) João disse a Pedro: "Tenho 4 vezes a idade que você tinha quando eu tinha sua idade, e quando você tiver tantos anos como tenho, terei ainda 9 anos a mais que você." Quais são as duas idades?

d) Sobre uma pista circular de 1200 m correm dois veículos. Correndo os dois no mesmo sentido, o 1º encontra o 2º cada 200 segundos; e correndo em sentido contrário o encontro passa a ser de 100 em 100 segundos. Qual a velocidade de cada um?

153 Resolver:

a) Dois jogadores A e B jogam a R$ 2,50 a partida. Antes de iniciarem o jogo, A possuía R$ 66,00 e B R$ 29,00. Depois do jogo A possuía o quádruplo do que possuía B. Quantas partidas A ganhou mais do que B?

b) Um Regimento de Infantaria iniciou uma marcha a pé. Após algum tempo havia percorrido $\frac{4}{5}$ do percurso. O resto a percorrer é igual a $\frac{1}{3}$ do percurso, menos $6\frac{1}{4}$ km. Qual é o percurso?

c) Duas cidades A e B distam de 200 km. Às 8 horas parte de A para B um trem com a velocidade de 30 km/h e duas horas mais tarde, parte de B para A um outro trem com a velocidade de 40 km/h. A que distância de A, dar-se-á o encontro entre os dois trens?

d) Um mensageiro vai de A até B de bicicleta, com a velocidade de 10 km/h e volta de B a A a pé, fazendo 4 km/h. Calcule a distância AB, sabendo-se que o tempo total de ida e volta foi de 7 horas.

e) Um automóvel vai da cidade A à cidade B em 6 horas e 30 minutos. Aumentando a velocidade em 10 km/h, gastará apenas 5 horas e 25 minutos. Calcular em km a distância entre as duas cidades.

---

154 Resolver:

a) Eu tenho o dobro da idade que tu tinhas quando eu tinha a idade que te tens. Quando tiveres a idade que eu tenho, a soma de nossas idades será 45 anos. Quantos anos tenho?

b) A colocação do algarismo 3 à distância de um número equivaleu a aumentar esse número de 201 unidades. Qual é esse número?

c) Dividindo-se um número inteiro P, por um número inteiro S, dá um quociente q e um resto r. Aumentando-se o dividendo P de 18 unidades e o divisor S de 6 unidades, o quociente q e o resto r não se alteram. Achar o quociente.

d) Duas pessoas jogam juntas a R$ 10,00 a partida. No início do jogo a 1ª tinha R$ 420,00 e a 2ª R$ 240,00. Ao cabo de certo número de partidas, a 1ª verificou que possuía o equivalente ao quíntuplo do que resta à 2ª. Quantas partidas a 1ª ganhou mais que a 2ª?

e) Dois atiradores fazem tiro ao alvo, combinando que um receberá R$ 0,50 do outro cada vez que acerta a alvo. Ao começar, o 1º tinha R$ 10,50 e o 2º R$ 5,50 mas ao terminar a série de tiros o 2º tinha mais R$ 2,00 que o outro. Quantos tiros o 2º acertou mais que o outro?

Resp: **143** a) {± 3}   b) {− 4}   c) {− 7; 2}   **144** a) {− 5}   b) {0, − 3, ± 2}   c) $\left\{\pm\frac{1}{3}\right\}$ **145** a) 1   b) $\frac{a-c}{1+ac}$

c) $\frac{2(a+b)}{a-b}$ d) x − a   e) $\frac{a^2-a+1}{2a-1}$ f) $\frac{1}{a+x}$ **146** a) $\left\{\frac{ab}{a+b}\right\}$ b) {a − b}   c) {a²}

d) $\left\{\frac{ab}{a+b}\right\}$ e) {4a}   f) $\left\{\frac{a+b+1}{2}\right\}$ **147** a) − 2 ou 3   b) − 2 ou 6   c) − 12, − 11, − 10 ou 10, 11, 12

d) 8 e 12   e) 4 e 14   **148** a) 12 ou − 7   b) 11,13,15 ou − 15, − 13, − 11   c) 12 dias   d) 20 km/h   e) 9

149 a) 31   b) 24   **150** a) 24 e 21 anos   b) 35 e 10 anos   c) 37   d) $\frac{5}{6}$ e $-\frac{1}{6}$ e) $\frac{3}{5}$

151 a) 30 min.   b) 4 h30min.   c) 200 km   d) 450 m   e) 5 km/h   f) 12 km/h

152 a) 37,5 min, 25 min.   b) 96   c) João: 24 e Pedro: 15   d) 9 m/s, 3 m/s   **153** a) 4   b) 46,875 km

c) 120 km   d) 20 km   e) 325 km   **154** a) 20   b) 22   c) 3   d) 13   e) 7

Impressão e Acabamento
Bartira
Gráfica
(011) 4393-2911